きんや先生の
Kinya Tada
園芸教室

はじめての寄せ植え

多田欣也＝著

農文協

もくじ

プロローグ

ガーデニングをはじめるなら寄せ植えから!

引越しの片付けもだいたい終わったし、ちょっとお散歩にでもいかない？
おーいいよ こいつもつれて新しい町でも探検してみよう
東京近郊のとあるマンション
若い夫婦が越してきた
しっかり者の奥さんと
面倒くさがりやのダンナと
犬1匹…
果たして花いっぱいのガーデニング生活となるのでしょうか？

緑山家ガーデニング物語　第１話

ガーデニングやってみたいけど…

お花がいっぱいできれいね！お庭のある家っていいわね
うん
1

でもホラ！うちみたいなマンションでもガーデニングしているよ
そうね。ベランダでもやってるんだね
2

ねえ、わたしたちもガーデニングやってみない?きっとステキになるわ
何言ってんだい。こいつの世話だけでも大変なのに
!
3

それにさ、いつかかわいいって言って買ったサボテンでさえ枯らしてしまったおれたちだぜ
いつのまにか消えた!!
4

そういえばそうだったわね。またお花買ってきても、どうせ世話するのはわたしだし…ま、お庭もないからね…やっぱりあきらめるか
だろ?
5

そんなことでガーデニングをあきらめちゃいかんなぁ
ウワッ
なんだなんだ
6

やってみたいと思ったときがいちばんのチャンスなんだよ！せっかくだから、２人でガーデニングはじめてみようよ。なんとかなるさ！
なんだよ突然。どこから出てくるんだこのジイさんは
7
アリャー？届かないヨ
そんなこと言っても２人とも土さえさわったことないんだからムリムリ！
ウ〜
大丈夫だって!それにしてもジイさんはないだろ
8
そんなことは皆同じこと。ゼロからスタートするんだよ。２人とも花は好きなんでしょ？じゃ大丈夫。それだけでも十分！
イダ!
そうね花は好きよ
ドスン!
9
アハ…申し遅れました。私は自称ガーデニングの伝道師多田きんやです。通称はひげのきんや先生
ところで、おじさんは誰？
イデデ
10
はじめから上手な人なんていないさ。もし枯らしたって、それもだいじな経験なんだよ。生きてる花はいつか枯れるもの。なぜ枯れたのか、少しずつ勉強していけばいいじゃない！
11
そうよね！じゃあ何からはじめたらいいのかしら、おじさん？
小学校のときアサガオを枯らしてから、おれには才能ないと思ってたけど、やってみるか
12

はじめてならこんな寄せ植えをつくってみよう

■春らしい黄色がテーマの寄せ植え
(テラコッタのローボールプランター)

いろいろな花でつくる寄せ植えっていうのがあるんだ。ガーデニングがはじめての人は、これからはじめてみるといいよ！
わぁ！きれい！やってみたいわー
なんか難しそうだけどおれたちにもできるのかな
育てやすいおなじみの花でつくりましょう
ユリオプスデージー
シロタエギク
クリサンセマムノースポール
キンギョソウ２株
スイートアリッサム
アイビー

寄せ植えってなんだろう

寄せ植えは、ひとつの容器にいくつかの種類の花を植えるガーデニングの方法のこと。ただ植物を「育てる」というよりは、「飾る」目的が強いんだ。

だから、まずは難しく考えず、自分のセンスで花の咲いている苗をいろいろ組み合わせて、美しく植えることに挑戦してみよう。

植えた後は、大きく育てることより、長く花を楽しみ美しさを保つ育て方をするのがコツだよ。大きく伸びすぎてきたら好みのところまで切り戻すんだ。

咲き終わったり枯れてしまった花は、植え替えで新しい花と交換しよう。寄せ植えはいろんな人に見られることになるから、いつもきれいにしておきたいもの。枯れた花をそのままにしておくわけにはいかないし、いつも同じ花でもつまらないからね。

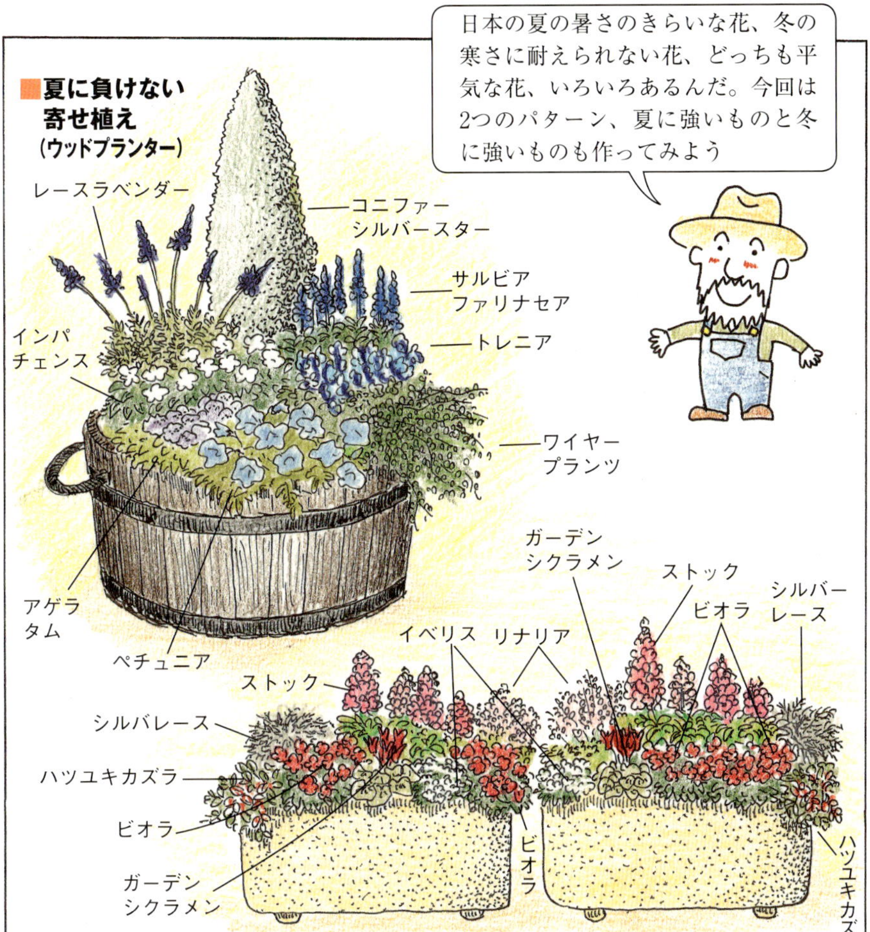
日本の夏の暑さのきらいな花、冬の寒さに耐えられない花、どっちも平気な花、いろいろあるんだ。今回は2つのパターン、夏に強いものと冬に強いものも作ってみよう
■夏に負けない寄せ植え（ウッドプランター）
レースラベンダー
コニファー シルバースター
サルビア ファリナセア
トレニア
インパチェンス
ワイヤープランツ
アゲラタム
ペチュニア
ガーデンシクラメン
ストック
シルバーレース
ビオラ
イベリス
リナリア
ストック
シルバレース
ハツユキカズラ
ビオラ
ガーデンシクラメン
ビオラ
ハツユキカズラ

■冬に負けない寄せ植え（プラスチック横長プランター）

寄せ植えで自分に合う植物を見つけよう

植物にはそれぞれ好きな環境があるんだ。光や温度、風通しとか、自然の条件の他にもうひとつ大事な環境が、その家の人にどのくらい愛情があり、時間と技術があるかということだ。人間の事情も、植物にはとても大事な環境だよ。

はじめてのときや、引越したばかりのときは、どんな植物が自分や自分の家に合い、育てられるのかわからない。そんなときこそ寄せ植えがおすすめなんだ。いろいろな植物を１～２ポットずつ寄せ植えにして試しに育ててみると、自分の家に合う植物、合わない植物がわかる。合わなかった植物は、次の花が咲かなかったり、枯らしてしまうこともあるけど、これも勉強！枯らしながら学んで、自分に合った花を見つけていこう。

丈夫で長持ち！ 春～秋におすすめの植物

全国どこでも入手しやすく、丈夫で花が咲く期間が長い植物を集めました。寄せ植えに使いやすくて、はじめての人にもおすすめです。

＊くわしい解説は76ページにあります

■マーガレット

花色／白・桃
半耐寒性 常緑宿根草
花期／4～6月
販売／1～5月

■キンギョソウ

花色／赤・桃・黄・白・橙
半耐寒性一年草
花期／3～12月
販売／周年

■スイートアリッサム

花色／白・赤・赤紫
半耐寒性 一年草
花期／11～5月
販売／10～5月

■サルビア・コクシネア

花色／赤・桃・白
非耐寒性 一年草
花期／6～11月
販売／5～10月

■サルビア・ファリナセア

花色／白・青紫
非耐寒性 一年草
花期／5～11月
販売／4～9月

■インパチェンス

花色／白・赤・桃
非耐寒性 一年草
花期／5～10月
販売／3～9月

■アゲラタム

花色／白・桃・青紫
非耐寒性 一年草
花期／4～11月
販売／3～10月

■トレニア

花色／白・桃・紫
非耐寒性 一年草
花期／5～11月
販売／4～10月

■センニチコウ

花色／桃・青紫・白
非耐寒性 一年草
花期／6～10月
販売／4～7月

■ベゴニア・センパフローレンス

花色／赤・桃・白
非耐寒性 一年草
花期／4～11月
販売／4～9月

■ペチュニア

花色／桃・紫・青・赤・白・黄
半耐寒性 一年草
花期／4～9月
販売／4～11月

■ニチニチソウ

花色／白・赤・桃
非耐寒性 一年草
花期／5～10月
販売／3～9月

■ナデシコ

花色／赤・桃・白
耐寒性 常緑宿根草
花期／3～11月
販売／周年

■ランタナ

花色／赤・桃・橙・黄・白
非耐寒性 常緑低木
花期／5～11月
販売／4～11月

■ガーデンダリア

花色／白・黄・桃・赤
半耐寒性 球根
花期／6～10月
販売／5～10月

■コリウス

葉色／橙・黄・赤など
非耐寒性 一年草
花期／5～11月
販売／5～9月

■フレンチマリーゴールド

花色／黄・橙・赤・白
非耐寒性 一年草
花期／5～11月
販売／3～9月

■ディモルフォセカ

花色／黄・橙
半耐寒性 一年草
花期／3～6月
販売／11～3月

■ペンタス

花色／赤・桃・白
半耐寒性 常緑宿根草
花期／3～11月
販売／3～11月

■レースラベンダー

花色／紫
耐寒性 常緑宿根草
花期／四季咲
販売／周年

■ゼラニウム

花色／赤・桃・白
半耐寒性 常緑宿根草
花期／3～12月
販売／周年

■宿根バーベナ

花色／桃・赤・白
耐寒性 常緑宿根草
花期／5～10月
販売／5～10月

寒さに負けない！
秋〜春におすすめの植物

秋から冬にかけても、育てやすいきれいな花はたくさんあります。葉を観賞するカラーリーフプランツも、寄せ植えにはかかせません。

＊くわしい解説は100ページにあります

ユリオプスデージー

花色／黄
半耐寒性 常緑宿根草
花期／11〜5月
販売／周年

プリムラ・マラコイデス

花色／桃・赤・白
半耐寒性 常緑宿根草
花期／11〜5月
販売／12〜3月

バコパ

花色／白・薄紫
半耐寒性 常緑宿根草
花期／周年
販売／周年

ブルーデージー

花色／青紫
半耐寒性 常緑宿根草
花期／9〜11月・3〜6月
販売／9〜10月・3〜5月

コスモス

花色／白・黄・桃・赤
非耐寒性 一年草
花期／6〜11月
販売／6〜10月

プリムラ・ポリアンサ

花色／赤・桃・黄・白・青・紫
半耐寒性 常緑宿根草
花期／11〜4月
販売／10〜3月

パンジー／ビオラ

花色／赤・紫・桃・青・橙・黒・白
耐寒性 一年草
花期／10〜6月
販売／9〜3月

ロベリア

花色／青・紫・白・桃
半耐寒性 一年草
花期／5〜12月
販売／9〜3月

ウインターコスモス

花色／黄・白
耐寒性 常緑宿根草
花期／6〜12月
販売／6〜10月

デージー

花色／赤・桃・白
耐寒性 一年草
花期／3〜5月
販売／10〜3月

■クリサンセマム・ノースポール

花色／白
耐寒性 一年草
花期／10～6月
販売／10～3月

■ストック

花色／赤・桃・白・黄・青紫
耐寒性 一年草
花期／11～4月
販売／9～12月

■リナリア（ヒメキンギョソウ）

花色／白・黄・紫・桃
耐寒性 一年草
花期／4～8月
販売／11～3月

■ハボタン

耐寒性 一年草
観賞期／11～2月
販売／10～1月

■ガーデンシクラメン

花色／白・桃・赤・赤紫
耐寒性 球根
花期／10～4月
販売／9～12月

周年楽しむカラーリーフプランツ

■アイビー

耐寒性 常緑つる性木本
販売／周年

■アサギリソウ

半耐寒性 常緑宿根草
販売／3～10月

■ヘリクリサム・ペティオラレ

半耐寒性 常緑低木
販売／3～10月

■シロタエギク

半耐寒性 常緑宿根草
販売／周年

■ハツユキカズラ

半耐寒性 常緑つる性木本
販売／周年

■ワイヤープランツ

半耐寒性 常緑宿根草
販売／周年

■シルバースター

耐寒性 常緑高木
販売／周年

寄せ植えの決め手はおしゃれなカラーコーディネート

寄せ植えの楽しさは何といってもカラーコーディネート。品種をあれこれ迷うより、おしゃれな色づかいを工夫してみましょう！

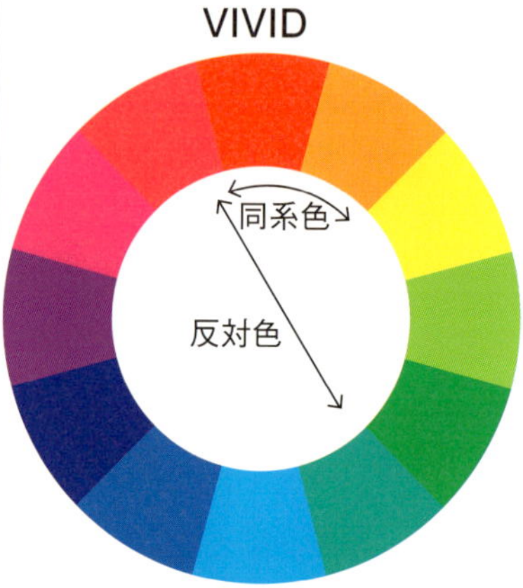
VIVID
同系色
反対色

ビビッド
あざやかな原色系の色。この種類は、色数を欲張らず、同系色や一色だけを目立たせるようにします。反対色を混ぜてみるのも楽しい。コーディネートの基本色になります。

色の種類を大きく3つに分けて紹介します。
同じ種類の花色で統一するとおしゃれにできますよ
（詳しい解説は109ページ）。

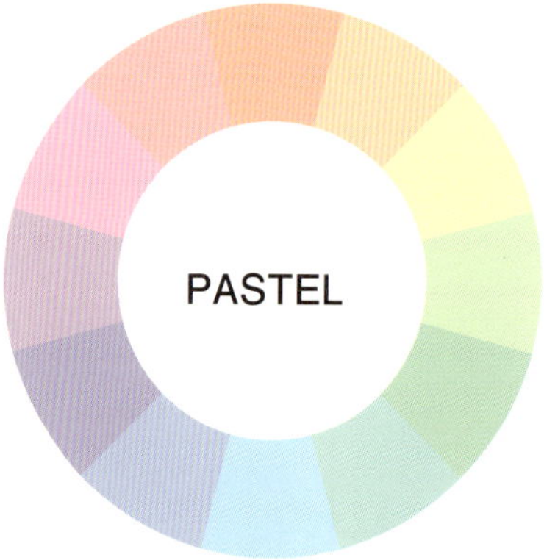
PASTEL

CHIC
&
MODERN

パステル
柔らかくて明るく薄い感じの色。優しくてロマンチックな雰囲気があり、多色になってもうるさくならずにコーディネートができます。夏をおしゃれに飾ってくれるでしょう。

シック
やや暗めで濃い色。大人の寄せ植えをデザインするには落ち着いたシックな色合いの花を組み合わせるとよいでしょう。秋の演出、和の演出に最適ですね。

PART 1

春の寄せ植えをつくろう!

植え付けに向いている時期　3～4月

じゃあせっかくだからうちのマンションに来て見てもらえる？
よろこんで！散歩をしながら近所を少し見てみましょうか？参考になるよ
公園や近所のお宅でどんな花や木を育てているのかを見るのは、とてもいい勉強になるんだ。どんな花がこの地域に合っているのか？今はこんな花の季節なんだなあ…とかね。
みんなが育てていることを、自分も育てられるかどうかのひとまずの判断基準にするといいね。
人のうちのマネになっちゃうと思うかもしれないけど、同じ花を使うにしても、デザインで差をつけばいいから、まず、やる気だ!!
センセ！こっちこっち
ここです。本当に何もないの。道具も何もないけどいいかしら？
ま、最初は手があれば十分だよ。そのうち必要になったら少しずつそろえればいいから

1. どこに飾るか決めましょう

■庭がなくても大丈夫！

地面がなくても鉢植えで植物を育てることができるよ。マンションのベランダや玄関だって、いくつかの寄せ植えを置けば、素敵な庭の景色をつくれるんだ。

共同の通路には置かないでください

■置いてはいけない場所も

マンションでは共同の場所や非常口など、物を置いてはいけないところもある。注意してルールを守ってくださいね。

ここはダメだよ
手すりの上なども注意してください
避難はしごの上
乾燥しやすいエアコンの室外機の前にも置かないでね

寄せ植えや鉢花を組合わせて飾るだけでとても素敵な玄関になります。

■人に見てもらえる場所に飾ろう

寄せ植えは育てながら飾るためのもの。他の人に見てもらうことも大切なんだよ。「いつもきれいね」ってほめられたら、もっとやる気が出てくる。
せっかくだから、玄関やベランダのなかでも、人目につくところに飾ってみよう。

どこから見られるのかチェックしておこう

飾る場所が決まったら、どの角度から見られるのかチェックしましょう。そこからきれいに見えるように寄せ植えのデザインをするためなんだ。

玄関前

前からも後からもきれいに見えるようデザインする
後に壁などがある場合、壁側に背の低い花があっても見えないので、壁側から背の高い順にならべる。
こちらから見て花がいっぱいできれいに見えるようにつくる

ベランダ

見上げられる
ヨコから見られる
上から見られる
いろいろな花があるもんだなぁ

高さも考えよう

上下どちらから見られるかでデザインも変えます。下から見上げる寄せ植えには下に垂れる植物を多くします。

?
ちっとも私には花が見えないわ…
ネェーきれいでしょ?
本当に上手ネ!!
きれいきれい!

テーブルの上

全方向から見られる場所に置く場合は、どこから見てもきれいに、花が見えるようにデザインします。

飾る場所と育てる場所が違ってもいい

日が当たらないところや室内でも、期間限定なら寄せ植えを飾ることができます。

たとえば玄関が日陰で、どんな花鉢を置いても花がだめになってしまうという環境でも、半日とか1日、2日は平気なものです。来客があるときや特別な日など、華やかさがほしいときに飾り、ふだんはベランダなど明るい場所で育てればいいんです。

こう考えると、寄せ植えを飾れる場所も広がるでしょう？自由に動かせる、寄せ植えの長所を生かしましょう。

2. テーマを決めましょう

飾る場所が決まったら次は何のために飾るのか？というテーマが大切。季節やイベントに合わせて自由に演出できるのも寄せ植えの楽しいところ
エヘヘ 結婚三周年パーティーで〜す
キレイだよん
クリスマスにはやっぱりクリスマスらしく玄関を演出しなくちゃね！
じゃ、たまにはイメージ変えて和風にしてみようかしら
田舎のオフクロが今度遊びに来るからいいかもな
ドアや壁の色に合わせて花色をコーディネートしたり、寄せ植えどうしの組み合わせを楽しんだり、移動できる寄せ植えは自由自在にイメージをつくれるんだ
今年の夏は涼しげにブルーで！
それぞれのライフスタイルにあわせて玄関先やベランダを演出しましょう
おれはやっぱり和風で行きたいね
英国風かな？それとも南仏風？どっちかなあ
いろいろ夢も広がるね
ときには思い切ってイメージチェンジするのも楽しいよ。お互い仲良く意見を出し合ってね
絶対和風、和風にする！
ダメ、うちは洋風でいいの！
ガーデニングでケンカするのはやめようよ！

■植え終わったらもう完成品

飾るための寄せ植えでは、あとで大きくなるからといって土がたくさん見えていては美しくありません。花の咲いている苗を使って、土が見えないように密に植え、すぐに飾っても美しく見えるようにしましょう。

ねー、きれいでしょう？さっそく、みんなに見てもらいましょ！
はじめてにしては、うちの奥さんやっぱり上手だワセンスある!!

■まずはテーマに合う植物を選ぼう

植物を選ぶうえで、その性質などを勉強しておくのはもちろん大切だけど、はじめは難しく考えず、とりあえずテーマにあった植物を選んでみましょう。知識は育てながら学ぶとおのずと身についていきますよ。

■ふつうの花でも寄せ植えなら豪華に見える

寄せ植えの楽しさは、おなじみの安い草花でも花束やゴージャスな庭のようにつくれることにあります。まずは、ホームセンターや花屋さんで手に入りやすい花からはじめてみるといいですね！

母の日のためにつくってみたの
どうだいグリーン中心でジャングルをイメージしたんだ
このパンジーだってひと鉢だとコチョウランには負けるけど、寄せ植えにしたら立派に見えるでしょ？丈夫だしね！

3. コンテナを決めましょう

植物を育てる鉢やプランターなどの容器をコンテナと呼びます。ずっと使い続けるコンテナをまず選びましょう。寄せ植えのデザインは、花から考えるより「このコンテナには何が似合うかな？」から考えたほうがやりやすいですよ

■おしゃれに、洋風にするならテラコッタ

寄せ植えの主役はやはり洋風の素焼き鉢（テラコッタ）。使うほどなじみ、苔などが風合いを出してきます。表面を塗装してある塗り鉢のほうが、ただの素焼きのものより水もちがいいです。重くなるが、丈夫な肉厚タイプのほうが長持ちするのでよいでしょう。

■和風にぴったりウッドプランター

洋風の杉の白木のものや、丸いだ円のタルのタイプなどがあります。塗装したものより表面を焼いて腐りにくいように処理したタイプが和にぴったり。底がプラスチックのネット状になっているものは丈夫で長持ちします。

■ナチュラル派にヤシガラマット

ワイヤーとヤシガラマットの組み合わせのタイプは、軽いのでハンギングバスケット（吊り鉢）によく使われます。ヤシガラのマットだけ交換すれば何度も使えます。水はけがよすぎるので乾燥に注意しましょう。

←手づくりの底なし
カバー、手前
だけでも
よいでしょう

■安くて丈夫、そして軽いプラスチック

丈夫なので取扱いがラク、軽いので移動もラクラクです。安っぽく見えるものは、手づくりの木のカバーなどをするとよいでしょう。直射日光に当たると劣化して壊れやすくなりますが、厚手のタイプなら丈夫です。

地球にやさしく再生紙プランター

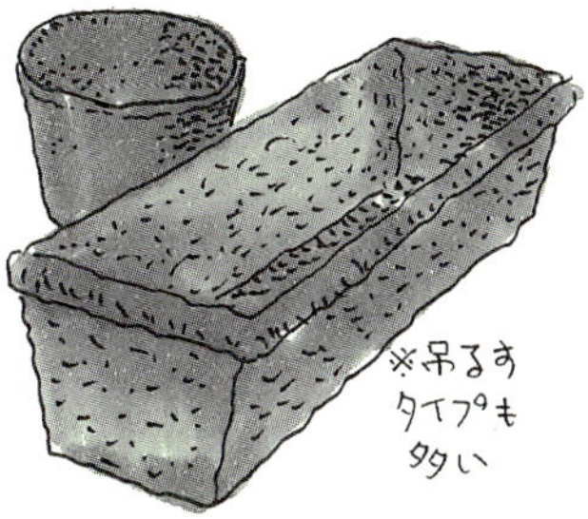
※吊るすタイプも多い

案外丈夫で軽い素材。独特の落ち着いた色合いは、和·洋どちらでも似合います。地面や芝生の上に直接置くと分解が早くなりますが、レンガやコンクリートの上では2年くらいは持つようです。燃えるゴミとして出したり、土中に埋めることもできます。

 かんなんな目安だよ	水やり楽したい派	おしゃれ派	強度	耐久性	価格	重さ	
テラコッタ	△	○	△	○	高	重	大きさと深さによって乾き具合が違う。小さい物は乾きやすい
木製コンテナ	△	○	○	△	高	中	
ヤシガラマット	×	○	○	△	中	軽	
プラスチック	○	△	◎	◎	安	軽	
再生紙プランター	△	○	△	×	安	軽	

はじめての寄せ植えはテラコッタのローボールプランターで

いろいろ教えてもらったけど、結局何に植えればいいのかなあ
これでやってみるのね！
ここの部分がふっくらしているタイプがいいね
（端の方にも土がたっぷり入る方が失敗しにくい）

まずは直径40㎝くらいのテラコッタのローボールプランターでつくってみよう。ふつうの草花だけでも十分に豪華な寄せ植えができるし、高級感もあっておしゃれだよ。

コンテナは素材をそろえよう

たとえば玄関周りはテラコッタで、ベランダは木製で、という風に場所ごとにコンテナの素材をそろえましょう。統一感が出て美しく見え、乾き具合も同じなので水やりの失敗が防げます。ひと鉢だけすぐ乾くコンテナがあると枯らしやすいし、それだけのためによけいに水やりの回数が増えて手間がかかるのです。

4. 春らしく明るい花で寄せ植えをつくりましょう

じゃ、いよいよこのローボールプランターに植えてみよう！テーマは決まったかな？
うーん、やっぱり春らしい明るい感じがいいなあ

そうだね。季節もいいから春らしくイエローガーデンの寄せ植えにしようか！
いいねえ！春から元気になりそうだし景気もよくなりそうだね

シロタエギク
ユリオプスデージー
中くらい
低い
こっちから見て

コンテナの後方は、背の高くなるユリオプスデージーと丈夫でボリュームの出てくるシロタエギクにしてみよう。

キンギョソウ
クリサンセマムノースポール
高い
低い
こっちから見て

真ん中には主役になる中くらいの高さの黄色のキンギョソウとノースポール。イエローガーデンだからキンギョソウは2つ用意して目立ってもらおうね。

スイートアリッサム
アイビー
高い
中くらい
こっちから見て

いちばん手前の列には背が低く、横に伸びて土を隠してくれる白い花のスイートアリッサムと、垂れ下がるように伸びる葉もののアイビーを選びます。

背の高いもの、中くらいのもの、低いものと3段階で花を選ぶと立体的でボリュームのある寄せ植えになります。今の背の高さで考えていいんですよ。手前の花が大きくなったら取り替えればいいんです。

くわしくは花の紹介コーナーを見てね！

苗の選び方のコツ

苗ってどれも同じに見えちゃうけど選び方ってあるの？

ヒョロヒョロやわらかいものより、背が低くてもがっしりしたものを選ぼう。

元気いっぱいだよ!
←つぼみ

つぼみが多い苗がいいね。花が咲き終わってタネのついた苗は、疲れてるからおすすめできないな。

←葉の色が濃くてシャキッとしている、茎も固そうなもの

いい苗

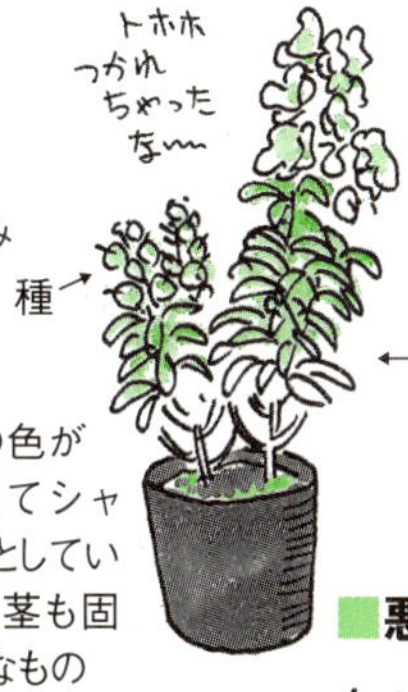

トホホ
つかれちゃったな〜
種→

ガッシリした苗のほうが体力ありそうだよな

←下の葉が黄色っぽかったり、落ちてしまっている苗は弱りはじめているよ

悪い苗

ここまでやったらルール違反

ヒャーヤメテー!!
エイ!!
振ってみよう

茎が折れたら商品価値がなくなっちゃうよ

キャ!!
抜いてみよう!
ズボッ

戻らなくなったり土がくずれる場合もあるからやめてね

そんなことまでやっちゃダメだ!!
ウ〜

確かめたい気持ちもわかるけど、マナーは守ろう。たくさん見ていくうちに見る目がついてくるよ

お店の人と仲良くなって、元気な苗を選ぼう

お店での苗選びでは、今の外見よりも将来のことを考えて、背が低くても元気でしっかりした株を選びます。虫くいの葉や、カビや病気で変色した葉のある苗はなるべく避けましょう。経験を重ねると、元気のない苗でも回復させるテクニックがわかってきますが、元気な苗からスタートするほうがラクですよ。

また、苗の産地やおすすめの花などをお店の人に気軽に質問してみましょう。思わぬ情報が聞けるかも知れませんよ。とくに、お店の近くで生産された苗は値段も手ごろで、その地域で育ったので環境の変化が少なく育てやすいのでおすすめです。

ヨロシク
オネガイ
シマス!

5. まずは土を入れましょう

さぁいよいよ土にさわってもらおうかな。コンテナには水はけ用の穴があいているから、ネットをしいて市販の草花用培養土を入れよう
培養土

まず、市販の鉢底用ネットを穴より大きめに切って穴をふさぎます。地面からナメクジやダンゴムシなどの害虫が入ってこないようにするためです。
ダンゴムシのつもり
ナメクジのつもり

培養土が細かくパサパサしていると植えにくいし、土ホコリが飛んでいやなものです。
うわっ風で飛んじゃう
ホコリっぽいわ
洗タク物にもついちゃうわ！
培養土

土が乾いていたら、すぐに水をかけておきます。12～14ℓ入りの培養土なら2ℓほど全体にかけ湿らせておきましょう。
15分ほど置くと使いやすくなりますよ。
培養土

土ってホカホカして、やわらかくて気持ちいいでしょう？いい土の感触を肌で感じてみてください。

ローボールプランターの7分目くらいまで入れてください。ここにポット苗を並べてデザインをしていきましょう。

寄せ植えには培養土が便利

寄せ植えをつくるとき、すぐに使えて便利な「培養土」。花や野菜を栽培するのに適した土になるよう、いくつかの土や有機質資材をブレンドしたものです。値段も品質もいろいろあるので、しっかりと選びましょう。

パッケージをチェック

①肥料や有機物の有無。元肥入りが便利

②どんな植物用の土か？ 草花や野菜用の土なら寄せ植えに使える

表
有機質入り
花と野菜の培養土
ポット苗の植付け、寄せ植えに
元肥入り　14ℓ

③何用か？ 種まきや挿し木用の土などもあるので注意

④何が入っているか？ 良品なら材料の多い順に4種ほど書いてある

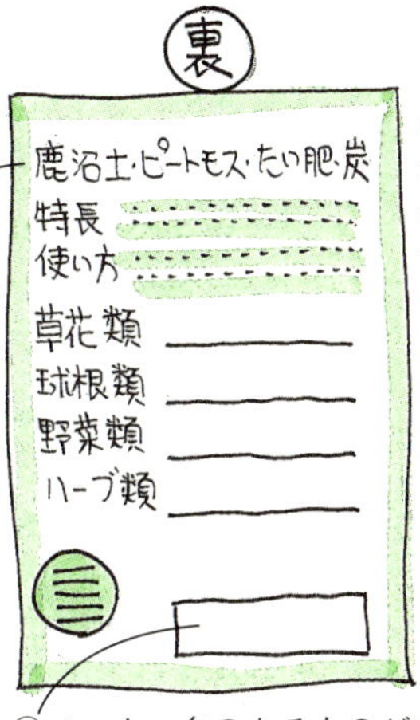
裏
鹿沼土・ピートモス・たい肥・炭
特長
使い方
草花類
球根類
野菜類
ハーブ類

いろいろな花などの名が書いてあるので参考に

⑤メーカー名のあるものがおすすめ 安い土にはメーカー名の書いていないものもある

さわって、においをかいでみよう

お店をよく見回すと、培養土の商品の破れた袋がわきにあったりします。ちょっとさわらせてもらいましょう。水分が多くべたついているものは、通気性が悪い粘土質の土で、草花の栽培には向きません。いやなにおいがする培養土も買わないように。分解途中の未熟な有機物が入っていて病気の原因にもなりかねないのです。

袋ごと両手でかかえてみよう

重くどっしりした感じの土よりは、少し固めの布団を握った感触のような、モッコリしてフカフカの土を選びましょう。花にとっても、湿ったせんべい布団よりはホカホカの羽毛布団がいいんだ！

あっ！なんか
変な、イヤな臭いね？
ドッシリ
プ〜ン
培養土

安いものは悪い、とは単純に言えませんが、よい土を見分ける自信のないうちは、中くらいの値段の土を使ってみるとよいでしょう。

きんや先生のまじめな コラム①

ちょっとくわしい土の話

◎理想の土ってどんな土？

よい土はどうやって見分けたらよいのでしょう？まずは市販の培養土を素手でぎゅっとひと握りしてみましょう！乾いていたら少し湿らせてから握ってね。

手を開いてみて、ギョーザのようなかたまりができていたら指で軽く突いてみます。ボロっとくずれたら、それが理想の土。水はけよく、通気性、水もちや肥料もちもいいから、植物がよく育ちます。ちゃんとした培養土は、こういう性質になるようにしてあります。

でも、中には質の悪い土もあります。砂が多い土は握ってもかたまりにならずにくずれてしまいます。砂は水はけがよいけど乾きやすく、養分もないから、水や肥料をしょっちゅうやらないといけない。逆に、指で突いても崩れないくらい固くなるのは、粘土質の多い土です。水もちもよく肥えた土だけど、水はけや通気性の悪い土なので、根は窒息してうまく成長できないのです。

新品の良質の培養土の感触を一度おぼえれば、いい土かどうかを判断する基準になるから便利。良質な培養土も、植物を育てるうちに有機物が分解され、養分が吸われてやせた土になっていくので、植え替えの時にはまだ使えるかどうか、握って確かめてみましょう。

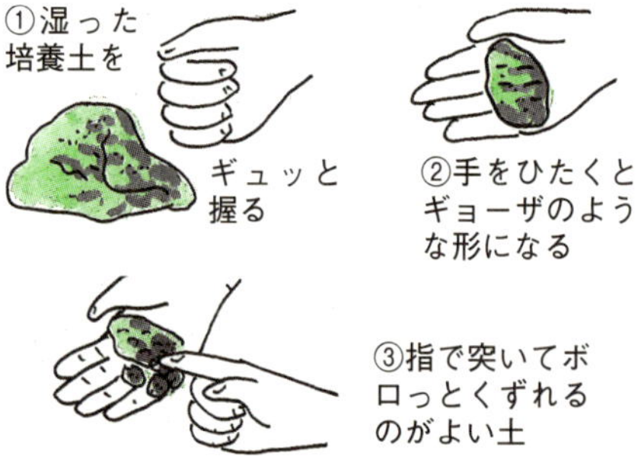
①湿った培養土を
ギュッと握る
②手をひたくとギョーザのような形になる
③指で突いてボロっとくずれるのがよい土

◎培養土の中身は3つのタイプの土でできている

培養土は、通気性、水はけ、水もち、肥料もちなど、いろいろな性質をあわせもつ土にするために、何種類かの材料をブレンドしてつくっています。材料は、①ベースとなる土②有機質資材③鉱物系資材の大きく3タイプ。①～③のなかからそれぞれ1～2種を選んで組み合わせて培養土をつくっています。自分の買った培養土には何が入っているか、一度チェックしてみましょう。

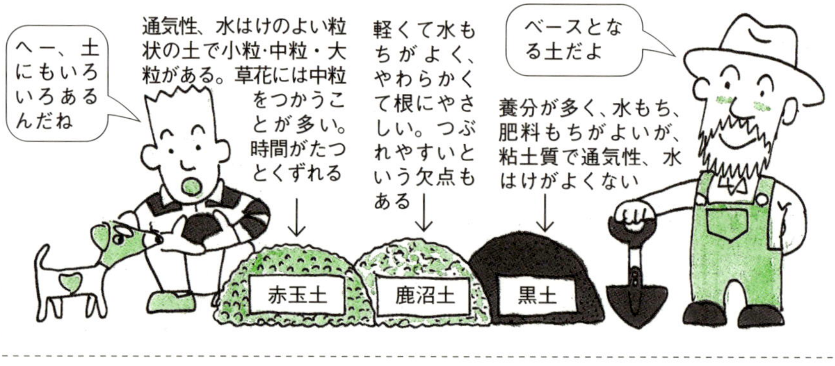
へー、土にもいろいろあるんだね
通気性、水はけのよい粒状の土で小粒・中粒・大粒がある。草花には中粒をつかうことが多い。時間がたつとくずれる
軽くて水もちがよく、やわらかくて根にやさしい。つぶれやすいという欠点もある
ベースとなる土だよ
養分が多く、水もち、肥料もちがよいが、粘土質で通気性、水はけがよくない
赤玉土
鹿沼土
黒土

①ベースとなる土

培養土のなかでいちばん割合が多くて、ベースとなる土。赤玉土、鹿沼土、黒土など。

②有機物資材

ベースとなる土の欠点を補うための改良資材。植物性（腐葉土、ピートモスなど）と動物性（牛・豚・ニワトリなどのフンを発酵させた堆肥）があります。植物性のものは水はけがよいが肥料分はほとんどなく、動物性のものは水もちがよく、肥料分を豊富に持っているので、微生物に分解されながらゆっくり栄養分を植物に与えます。有機物資材は微生物の力で団粒構造という水もち、肥料もちのいい土をつくります。時間がたつと分解されてなくなってしまいます。

③鉱物系資材

岩石を加工した資材で、パーライト（水はけよく、軽くする）、バーミキュライト（水はけよく、軽くする）、ゼオライト（肥料もちをよくする）などがあります。有機質資材と違い時間がたっても分解しません。

有機物資材は未熟に注意！

堆肥は、微生物によってある程度分解されたもの（完熟）を使うんだ。生のままや、分解しはじめの状態で土の中に入れると、植物の根の近くで発酵が急激に進み、有害なガスが出たり害になる菌が増えてしまう場合があるためです。未熟なものは、有機物の形がはっきり残っていたり、嫌なにおいがするけど、ある程度時間をおいて分解を進めたら使えます。完熟といっても、有機物が全部分解されてしまうと、スカスカのカスしか残らない。堆肥でいう完熟は、“分解途中だけど植物に害を与えないくらいには分解がすすんだ状態”のことをいいます。

使い古した土は再生すれば増量材になる

使い古した土は有機物が減ってやせてしまったり、有害な菌が増えてしまっていることもあるので、暖かい時期に太陽熱を使って消毒しておこう。使うときは新しい培養土に3割くらい混ぜて増量材とします。古い土を処分する場合は、燃えないゴミとして出しましょう。

①病原菌や害虫の卵がいる場合があるので、5mmくらいの粗い目のフルイに土をかけて、根やゴミなどを取り除く

なるべくうすく平らにしましょう

②黒いポリ袋に土を入れて水でたっぷりと湿らせる。土は少なめのほうが太陽熱で温度が上がりやすい

あまり入れすぎるとひろがらないよ

③袋の口を閉じて、日当たりのいい場所に平らに寝かせる。夏なら20日くらいで殺菌消毒は完了

6. 苗を並べてみましょう① ～正面を見つける

先生！もう植えてもいいでしょ。土も入れたし！
どう植えたらきれいに見えるのか、まずデザインを決めてから植えようね
おぼえてほしいのは、どの植物にも“顔”つまり正面があるということだね。いちばん背の高いこのユリオプスデージーの正面を見つけてみましょう
目の高さでまわしてみよう。花や葉の向きでいちばん格好のいい方向があるはずだよ！
なんとなくでもいい。自分のセンスで決めてあげて
あったこっちだね！
格好がいいからといって完ぺきとは限らないよね？
長所もあれば欠点もある。それをカバーしあうのが寄せ植えだよ。
こちら側に空間があるのが欠点なので次の花でカバーする
ひとつの花の正面を決めると、次の花の配置が自然に決まってくるんだ。ゆっくり考えながら順番に置いてみよう。
こっちに全部顔を向けるのね
こんな葉っぱだけのアイビーにも正面があるんですか？
もちろんさ。ぼくにだってあるんだから

くわしい花の正面の見つけ方

ゆっくりまわしながらユリオプスデージーの正面を見つけてみましょう

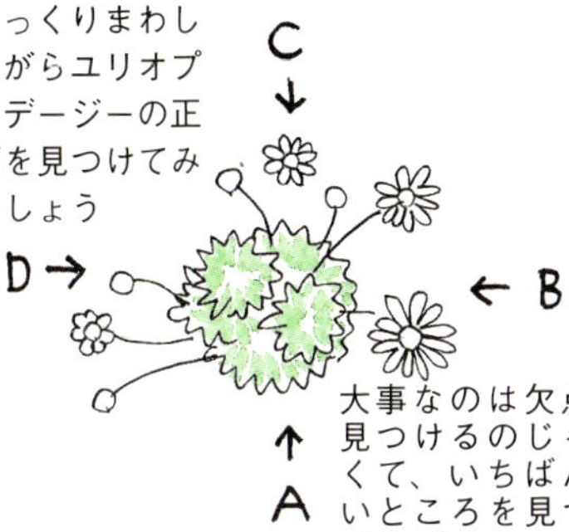

C
D
B
A

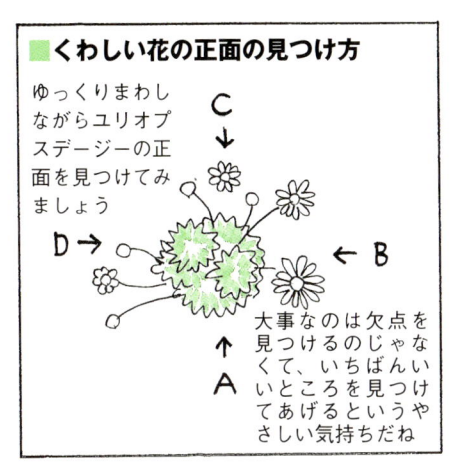

大事なのは欠点を見つけるのじゃなくて、いちばんいいところを見つけてあげるというやさしい気持ちだね

A

葉の表がよく見え、茎があまり見えずにバランスも取れている

B

葉の裏が多く見えるしボリュームがなく、

なんとなく薄っぺらに見える。こちらではない！

C

葉の裏が多く見え、茎が見えすぎである

D

Bの反対側でやはり薄っぺらな感じがする

全体的に悪くはないがAに比べるといまいち

正面を見つけるポイントは、まず花の顔の向き、葉の表が多く見える方向を選びます。茎があまり目立たずにバランスが取れているといいですね。

やさしい気持ちで欠点も個性と思うこと。いいところは必ずあります。自分の感性と直感を大切にしよう。でもここではAだよね！

まあボクの様に背中に自信のある人もいるけど‥‥ネ!

7. 苗を並べてみましょう② ～悩むならポットのままで

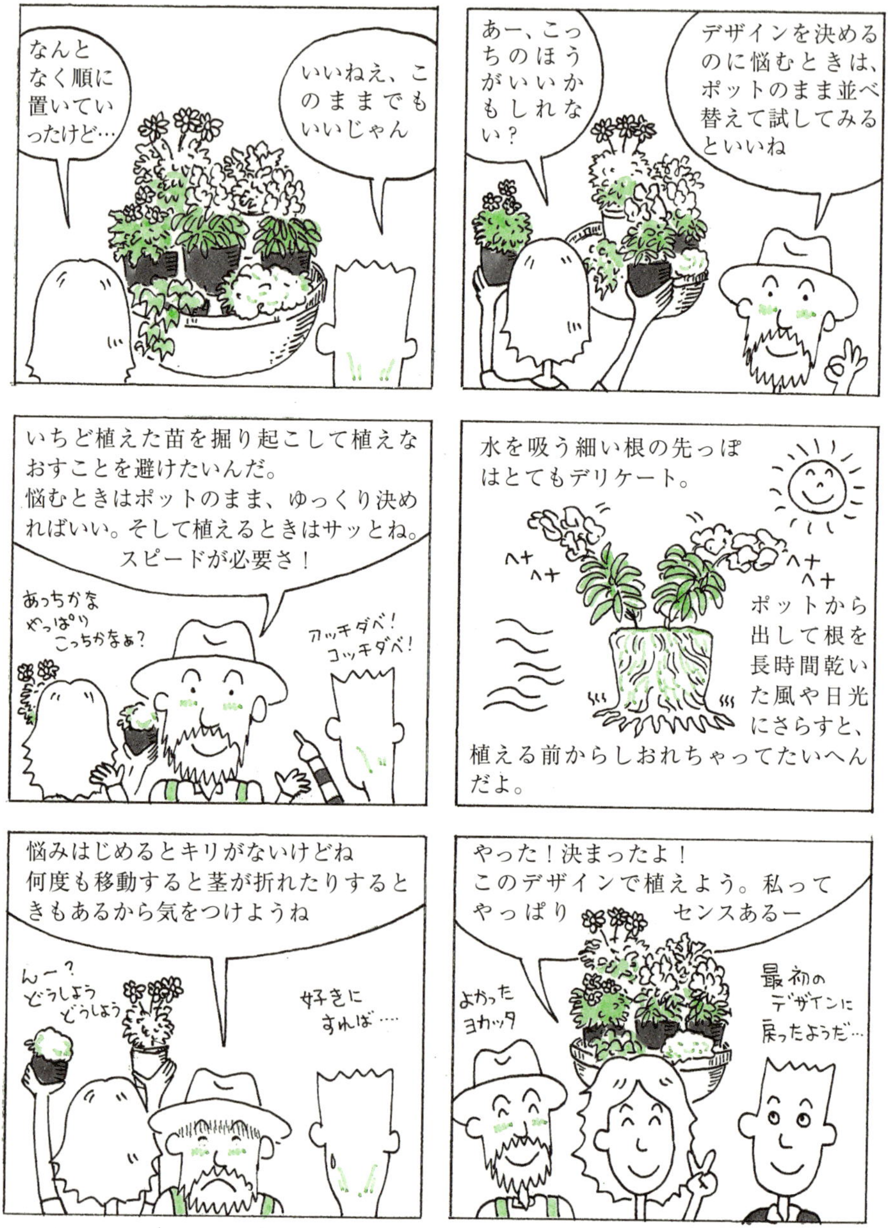

なんとなく順に置いていったけど…
いいねえ、このままでもいいじゃん
あー、こっちのほうがいいかもしれない？
デザインを決めるのに悩むときは、ポットのまま並べ替えて試してみるといいね
いちど植えた苗を掘り起こして植えなおすことを避けたいんだ。
悩むときはポットのまま、ゆっくり決めればいい。そして植えるときはサッとね。
スピードが必要さ！
あっちかな やっぱり こっちかなぁ？
アッチダベ！ コッチダベ！
水を吸う細い根の先っぽはとてもデリケート。
ヘナ ヘナ
ヘナ ヘナ
ポットから出して根を長時間乾いた風や日光にさらすと、植える前からしおれちゃってたいへんだよ。
悩みはじめるとキリがないけどね
何度も移動すると茎が折れたりするときもあるから気をつけようね
んー？ どうしよう どうしよう
好きにすれば…
やった！決まったよ！
このデザインで植えよう。私ってやっぱり センスあるー
よかった ヨカッタ
最初のデザインに戻ったようだ…

背の高い花から奥から順に配置しよう

①（後列）ユリオプスデージーの正面を決めたら奥のやや中央よりに置く。

②（後列）シロタエギクをユリオプスデージーの隣によりそうように置く。

③④（中列）メインになるギンギョソウを中央に置く。メインなのでボリュームを出すために2鉢使う。もうひと鉢はシロタエギクの前に置いてみましょう。

上に伸びてボリュームがでる

⑤（中列）もうひとつの中くらいの高さの花はノースポールです。キンギョソウの左隣に置きます。

⑥（前列）白いスイートアリッサムは黄色の引き立て役。葉や花がコンテナの縁にかかるように、手前に傾けて置きましょう。

⑦（前列）アイビーは正面から見て土が見えなくなるように配置します。

シロタエギクとアイビーは、だんだんボリュームが出てきます。対角線上におくとバランスが保ちやすいんだ。

上の置き方のとおりでなくてもいいけど、シロタエギクとアイビーは必ず対角線上にくるように配置しよう。

ほかの花は数ヵ月で見ごろが終わって植え替え。

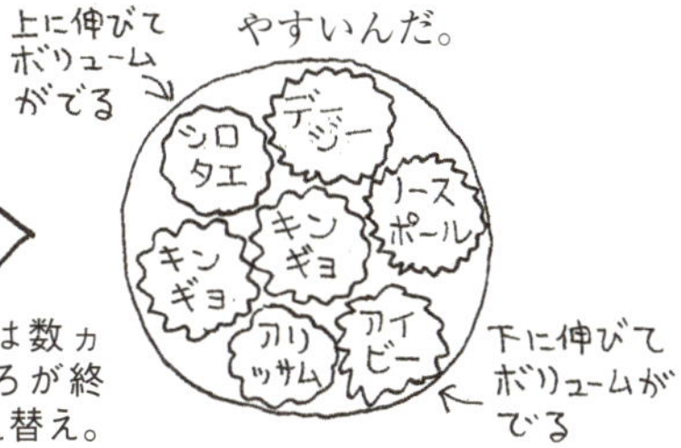

お互いの欠点を補いあう配置にしよう

寄せ植えのデザインはお互いの欠点を長所でカバーしあうことで決まります。同じ花でもこのページで紹介した配置じゃないほうがきれいに見えることもあります。まずはその苗の正面を見つけること。常に優しい気持ちで植物を見てあげると見つけることができます。多少曲がっていても葉や花が少なくても必ず使いみちがありますよ。自分のセンスを信じていろいろ試してみよう！

ただし配置が決まったら、ポットから外して植えるときになって迷ったり植え直したりしないこと。ここがいちばん肝心だよ。

8. 苗を並べてみましょう③　全方向からも見られるデザイン

センセイ、どの方向から見てもいい作品にするときは、どうするんですか？
そうだね、じゃせっかくだから同じ花の種類と数でやってみよう
まず、背の高いデージーは真ん中。どこからも見られるから正面は関係ない
そうか、この花はみんなにみられるんだ。大事な花なんだね
あとは、デージーを支えるように周りに置いていけばいい。それぞれの花の正面は、外側に向けて置きましょう。
わかってるさ今、やろうと思ってんだ…
アラ、こっちからは黄色の花があまり見えないのね？
こういった規則的なデザインは時計の文字盤のようにテーマの黄色の花を等間隔に配置すればいいけど、あまりかたくるしくならないようにね。
アリッサム
キンギョ
シロタエ
デージー
アイビー
ノースポール
キンギョ
12
9
3
6
あなた、なかなかやるわね、上手よ！
ガハハ、どうだ、おれの作品は？表裏のないおれらしい寄せ植えだ

全方向から見られるデザイン

①中央にユリオプスデージーを置きます。この場合、正面を気にせずに置いてもいいでしょう。

②①にカバーする場所が必要な場合はそこにシロタエギクを置きます。

③メインのキンギョソウをシロタエギクの隣に置きます。

④キンギョソウはデージーをはさんで一直線上におきます。

⑤ノースポールは③のキンギョソウの横に置き、黄色い花と白い花がどこからも見えるように。

⑥ノースポールと同じ白の花のスイートアリッサムは、ノースポールと一直線上になるように。

⑦アイビーはシロタエギクとともに長くこのコンテナにいる植物なので、中央をはさんだ反対側に置きます。

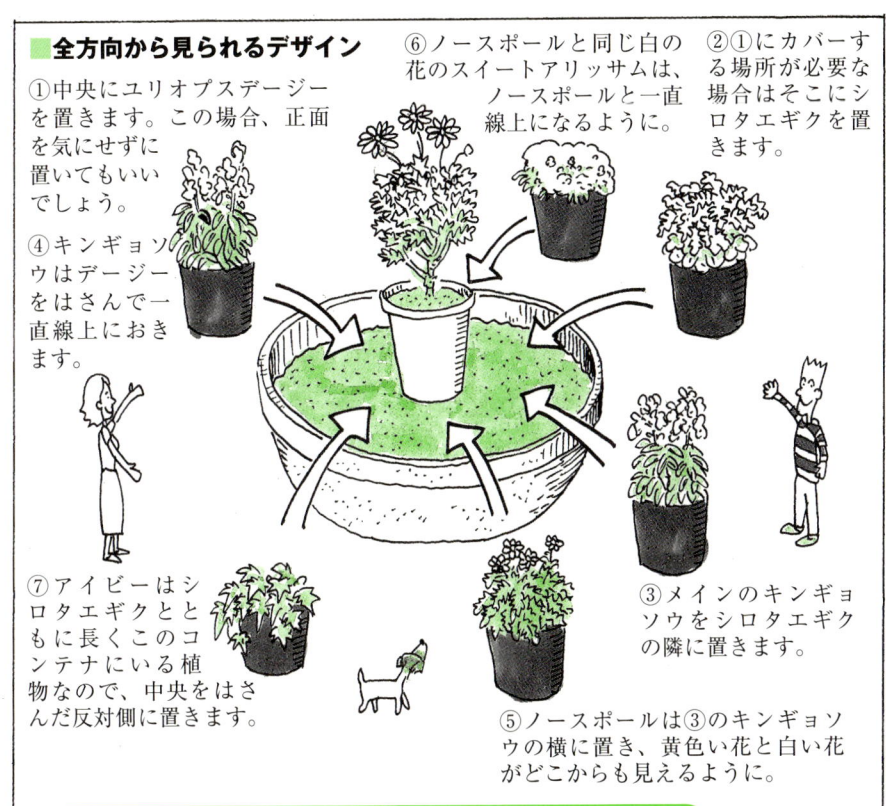

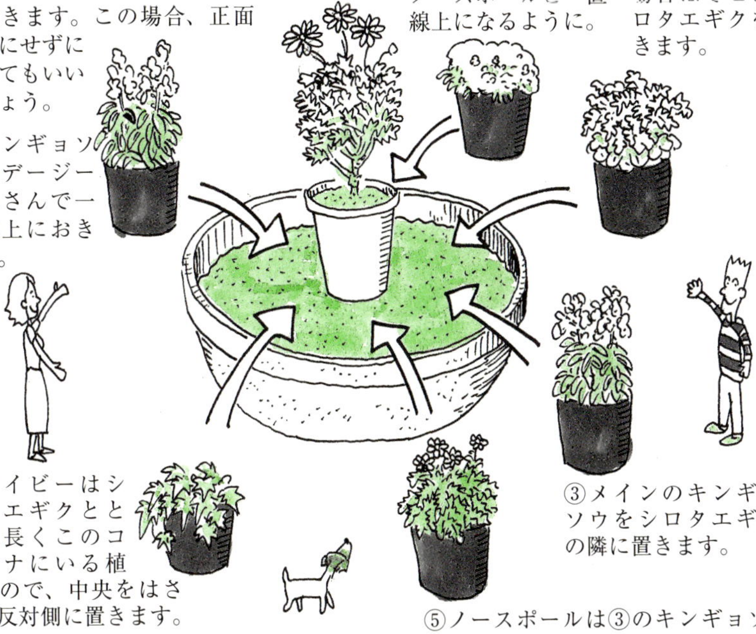

ローボールプランターは深さのあるタイプがデザインしやすい

ローボールプランターにつくる寄せ植えというと、今まではどうしても時計の文字盤のような決まりきったデザインになりがちでした。それは､出回っている多くのコンテナの土の入るスペースが浅すぎるために、中心しか背の高い苗を植えることができず、その周囲に縁に向かって苗を傾ける植え方しかできなかったためです。ローボールプランターでも、後に壁があるようなところに飾る場合には、後方の壁側に背の高い植物を植えたくなります。ふっくらと深さのあるローボールプランターなら、鉢縁ぞいでも背の高い苗を植えられるので、自由にデザインすることができ、おすすめです。

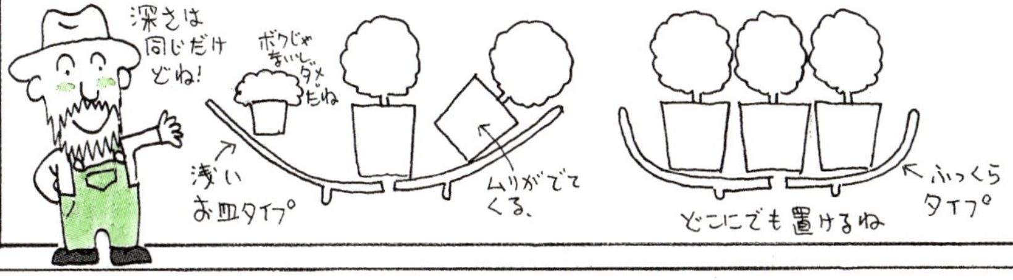

9. 植える前に苗をチェック

苗を植える前にはよく見てみようね。もう1回！
さっきも見たけど
下のほうの黄色に変色した葉や枯れた葉は、もう治らないから取ってしまいましょう。
チリチリになってしまった下の葉
花の茎や葉が強いものは無理に引っ張らずにハサミで切り取ってください。
咲き終った花
枯れ葉
アオムシやヨトウムシなどのチョウやガの幼虫、ナメクジやダンゴムシなども発見したら取り除きましょうね！
アオムシ
ダンゴムシ
キャー
ギャー
ピュー
土の表面のコケや草の芽、ゴミなども全部取ってきれいにしましょう。
草の芽
草の芽
スギゴケ
ゼニゴケ
土が乾いていたら植える少し前に水をあげて湿らせておきましょう。カラカラに土が乾いたままで植えると根が傷んでしまいます
ヤレヤレ
オーイ!! 戻っておいでよ ワン！

取り除いておきたい害虫と病気

ハッパや花が大好物!

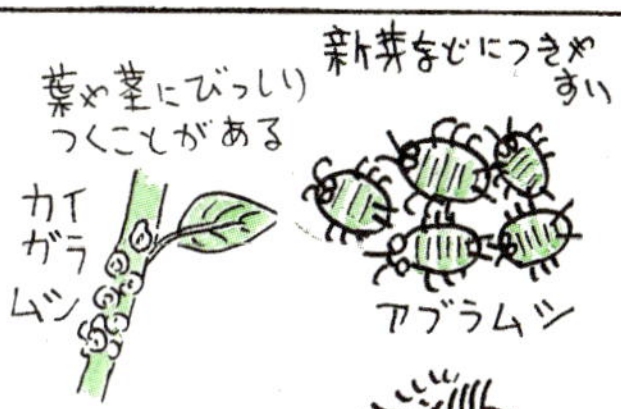
葉や茎にびっしりつくことがある
カイガラムシ
新芽などにつきやすい
アブラムシ

・ナメクジ類
葉の表面がギラギラしたのを見つけたら、ナメクジやカタツムリがいるかもしれない

・イモムシ類
チョウやガの幼虫を見つけたら、とにかくつかまえて処分!

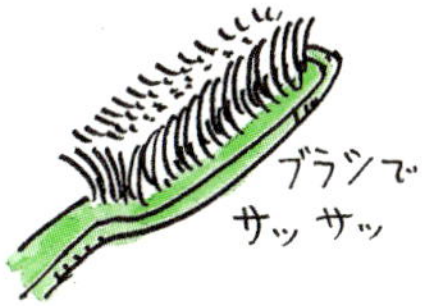
ブラシでサッサッ

・ケムシ類
ケムシ類は刺される場合もあるので、ハシなどでつまんで処分するのが確実

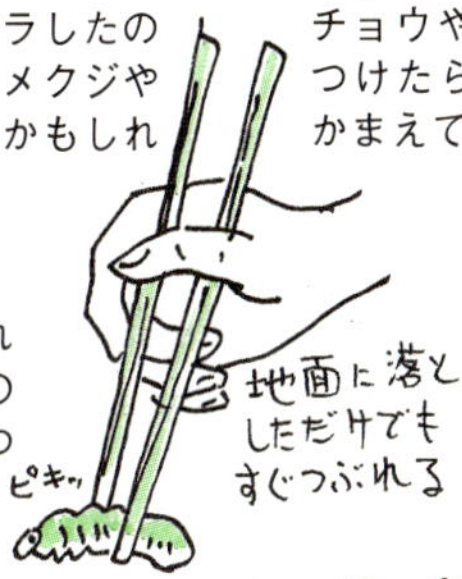
ピキッ
地面に落としただけでもすぐつぶれる

・汁を吸う虫
カイガラムシやびっしり群れているアブラムシは古い歯ブラシなどでこすり落とす。このときはビニール袋などに入れてあたりに散らさないようにしましょう

・ハモグリバエ
葉に食べあるいた模様が見えたらハモグリバエだ。早めに葉ごと処分しよう

白い粉・病気
ウドンコ病
にじんだ病斑にやがてカビが発生
灰カビ病
黒いススのよう…
すす病

アブラムシやカイガラムシによって病気による場合もある

アヤシイ症状は見つけしだい葉ごと取って処分しよう。自分で堆肥や腐葉土をつくる場合は病気の葉は混ぜてはいけません。下に落ちた花や葉も病気の元になりやすいので、土の上は常にきれいにしておこう

虫も病気もいて当たり前

生きた土で育った生きている花たちは、いろいろな生き物たちのおかげで(生産者などの人間も)きれいに花を咲かせ、私たちのところにやってきます。値段が同じなのに、大きさも背の高さも花の数も、それぞれ違う。工業製品ではないのです。同じように育てたいのだがそうは行かないのが自然相手の農業や園芸の難しさであり、楽しいところでもあるんです。

害虫や、カビやウイルスなどもいる。でもいい虫も、いい菌もいっぱいいる。虫がいても大して害にならなければいいんじゃないかな。鳥が来て害虫を食べてくれるかもしれない。密室の野菜工場でもない限り、虫も菌もいないガーデニングは、いまのところありえない。あまり神経質にならないほうがいい。

害虫や病気の早期発見はもちろん大切。だけど、このくらいは放っておいてもなんとかなるかな、いずれ回復するかも…といういいかげんさも、ガーデニングには必要ですよ。人間の思いどおりにはなかなかならないのが自然なのだから。失敗してもストレスをためないようにね。

10. 苗をポットから外して根を見よう

この白いポットは外してから植えるんですよね？
もちろん！植える前に根を見てみよう
ソウソウ
ん一固くてなかなか取れない…！
そんな、無理に引っ張らないで！やさしくやさしく!!
ソー
ウワ
苗を横に持って、ポットを回転させながら軽くもんで、少しずつ抜いてごらん。
ムギュムギュ
抜けにくいときは、テーブルの上などに乗せて、上から手のひらでギュッと側面を押しながら回してもいいし、移植ゴテの持ち手で側面を叩いてすきまをつくってやっても取れやすくなるよ。
ギュ!!
トントン
まわしながら
やわらかいビニールポットもいきなり花を持って抜かないでね。土が落ちない程度に横にして軽くもみながら抜いてください。
軽ーく
モミモミ
根が張っていなかったりするとこんなことになりかねないよ。
ヒャー！
ギャー!!
ボロボロ
少しずつやさしくしてね。

ウヒャー!!

取り扱いはやさしく

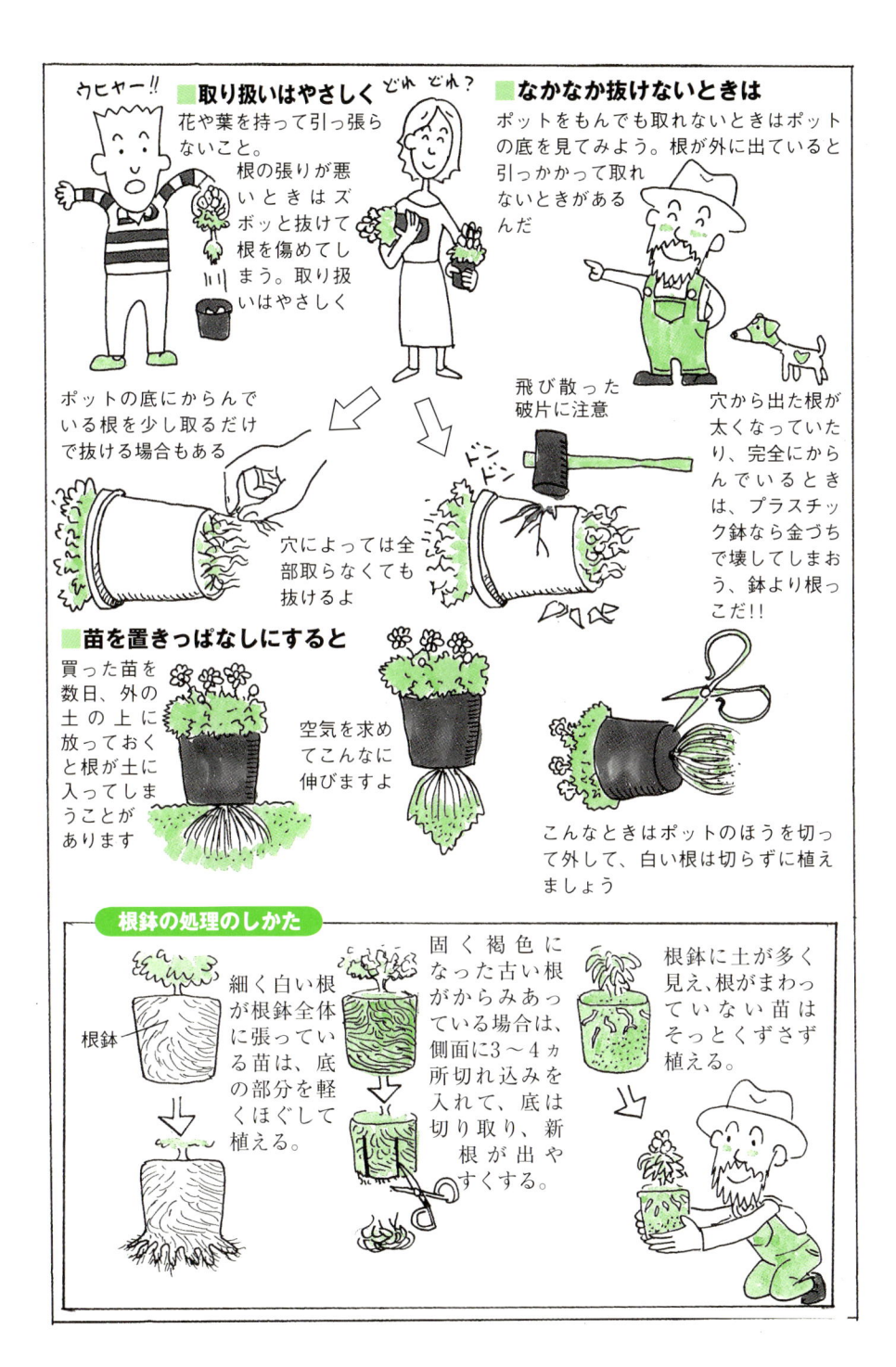

花や葉を持って引っ張らないこと。

根の張りが悪いときはズボッと抜けて根を傷めてしまう。取り扱いはやさしく

どれ どれ?

なかなか抜けないときは

ポットをもんでも取れないときはポットの底を見てみよう。根が外に出ていると引っかかって取れないときがあるんだ

ポットの底にからんでいる根を少し取るだけで抜ける場合もある

穴によっては全部取らなくても抜けるよ

飛び散った破片に注意

ドン
ドン

穴から出た根が太くなっていたり、完全にからんでいるときは、プラスチック鉢なら金づちで壊してしまおう、鉢より根っこだ!!

苗を置きっぱなしにすると

買った苗を数日、外の土の上に放っておくと根が土に入ってしまうことがあります

空気を求めてこんなに伸びますよ

こんなときはポットのほうを切って外して、白い根は切らずに植えましょう

根鉢の処理のしかた

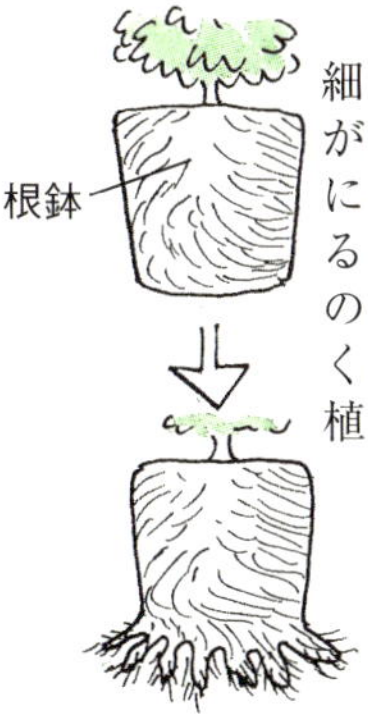
根鉢

細く白い根が根鉢全体に張っている苗は、底の部分を軽くほぐして植える。

固く褐色になった古い根がからみあっている場合は、側面に3～4ヵ所切れ込みを入れて、底は切り取り、新根が出やすくする。

根鉢に土が多く見え、根がまわっていない苗はそっとくずさず植える。

きんや先生のまじめな コラム②

ちょっとくわしい根の話

◎よい花はよい根から

花をきれいに元気に育てるには、よい土に植えて根を健康に育てることが大切です。地上の葉や花を観察するのと違い、土の中にいる根はなかなか見えないので、どうなっているかわかりませんね。でも植物っておもしろいもので、上と下のバランスがうまくとれていて、上に伸びている分、根も同じくらい伸びています。逆に、地上部の様子が元気がないときは、根の状態も悪くなっている場合が多いのです。

◎根は酸素をほしがっている

根は呼吸をしながら養分や水分を土から吸い、地上部の葉や花に一生懸命送っています。根には酸素が必要なのです。もちろん土の中で生きている微生物たちにも必要です。

ところが、寄せ植えでは、小さなコンテナに苗を密に植えるので、土の中も根がギュウギュウに詰まって、酸素不足になりやすくなっています。だから、寄せ植えは水やりが命なのです。水やりには、ただ水分を吸わせるという意味だけでなく、上から水をやり下に流すことによって、老廃物やガスなどを流し出し、新しい空気を入れる大事な役割があるのです。

寄せ植えは酸欠になりやすい

水やりで新鮮な空気をあたえよう

◎コンパクトに育てるには根を増やしすぎないこと

室内やベランダ、せまい庭でガーデニングを楽しむ場合、植物たちがあまり伸び伸びと大きくなられては置く場所がなくなってしまいます。あまり大きくさせずにいつまでもきれいな花を楽しみたい…人間の都合ばっかりで、ちょっとわがままかもしれませんけど、こういう場合は、根の伸びをわざと制限するのがコツです。

コンテナはなるべく小さくし、苗を密に植えて根が伸びるスペースを少なくします。根をあまり伸ばせないと、地上部の成長も控えめになります。肥料や水もやりすぎず、花をあまやかさず鍛えて育てると、コンパクトに維持することができます。

でも、あまり根づまりになってしまうと、花つきも悪く全体的に元気がなくなってしまいます。そこで、花の咲き終わった苗を植え替えるとき、古い苗と一緒に周りの植物の古い根を多めに取り除き、新しい苗と一緒に新しい土を入れておくと、周りの根も若返って寄せ植えが長持ちします。

◎大きすぎるコンテナに植えると逆に酸欠に

では、植物を大きく育てようと、小さな苗を大きなコンテナに植え替えると、根はぐんぐん伸びて地上部もぐんぐん成長するのでしょうか。実は、そうではありません。

小さい苗を大きすぎるコンテナに植えると、苗の根が土の水を吸いきれず、コンテナの奥が水分過多で酸素が不足し、温度も上がらず根が張ることができないのです。苗の根は、酸素の多い地表面とコンテナの縁沿いにばかり広がり、せっかく大きいコンテナに植えたのに、ほとんど中には根が張らず、もったいないことになってしまいます。

もし、植物を大きく育てたいなら、少しずつ大きな鉢に植え替えて、段階を追って大きくするほうがよいのです。

植え替えるときは古い根をなるべく多く取る

新しい苗と新しい土を入れてやる

小さい苗をいきなり大きなコンテナに植えると

中心が酸欠になり、根が張れずに意外に大きくなれない

11. 苗を植えていきましょう

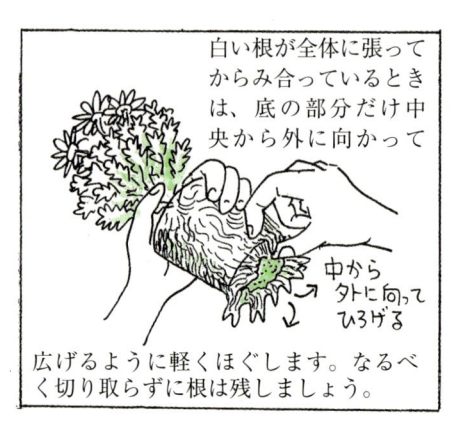

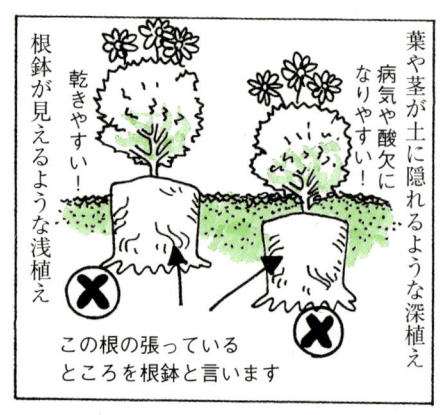

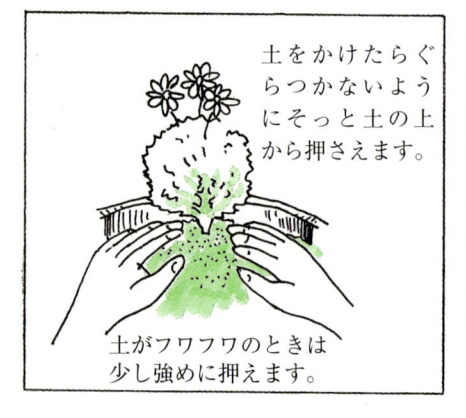

白い根が全体に張ってからみ合っているときは、底の部分だけ中央から外に向かって

中から
外に向って
ひろげる

広げるように軽くほぐします。なるべく切り取らずに根は残しましょう。

少し大きめの穴を掘ってすぐに植えます。

次に植える花の穴を掘り、その土をさっとかけます。

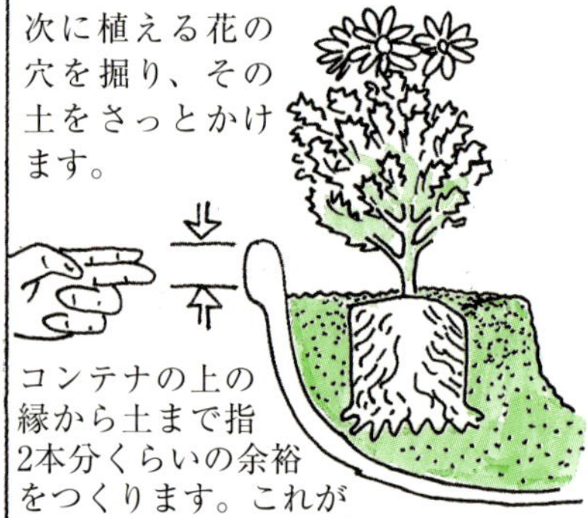

コンテナの上の縁から土まで指2本分くらいの余裕をつくります。これがウォータースペース（水しろ）です。

葉や茎が土に隠れるような深植え
病気や酸欠になりやすい！
乾きやすい！
根鉢が見えるような浅植え

この根の張っているところを根鉢と言います

土をかけたらぐらつかないようにそっと土の上から押さえます。

土がフワフワのときは少し強めに押えます。

花全体が倒れそうなときは深めに植えてしっかり押えます。

花や葉を
汚さないでね！
次に植える穴

でも葉を土の中に入れてしまってはいけません。

深すぎず、浅すぎず植える

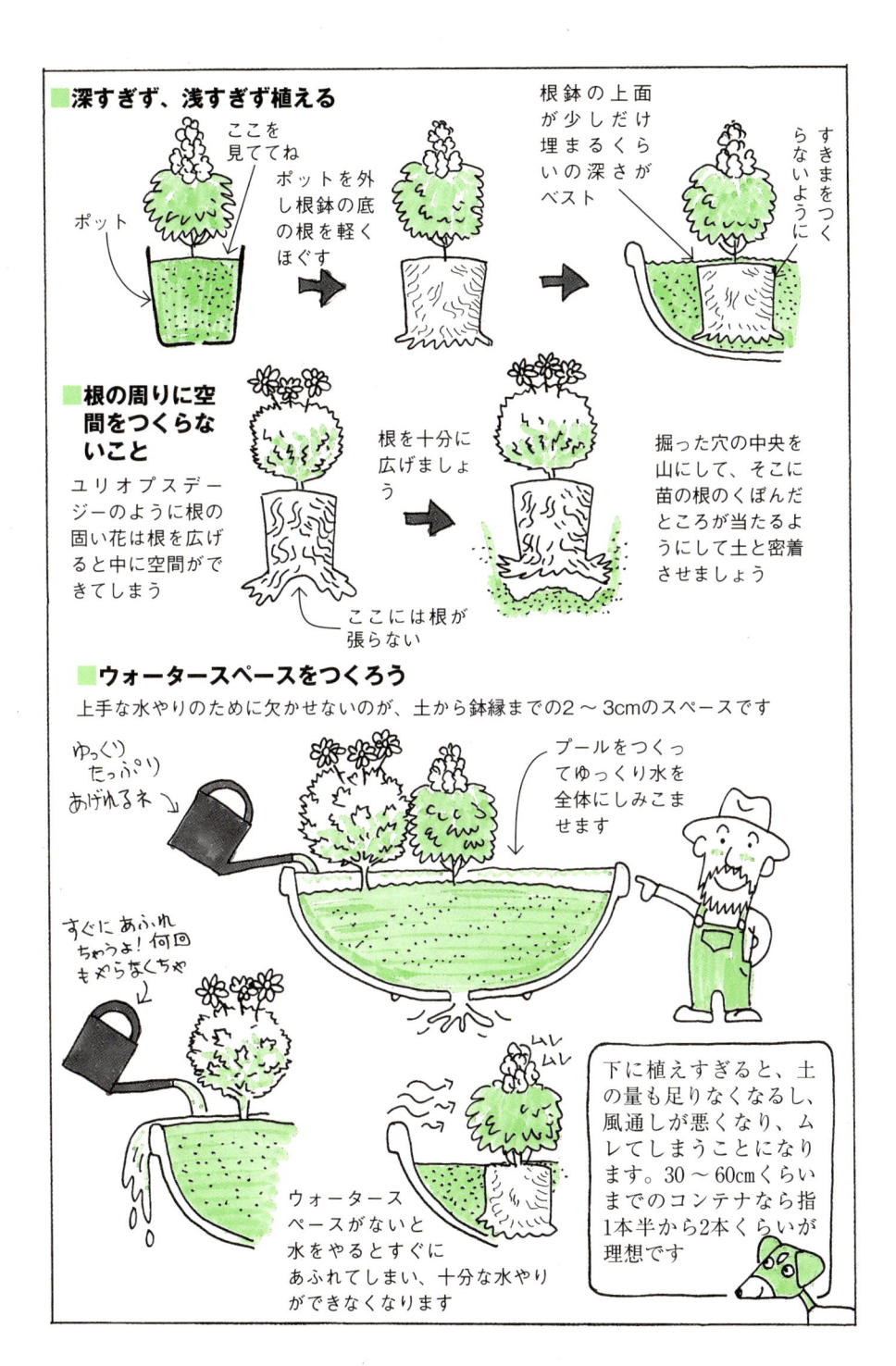

ここを
見ててね
ポット
ポットを外し根鉢の底の根を軽くほぐす
根鉢の上面が少しだけ埋まるくらいの深さがベスト
すきまをつくらないように

根の周りに空間をつくらないこと

ユリオプスデージーのように根の固い花は根を広げると中に空間ができてしまう

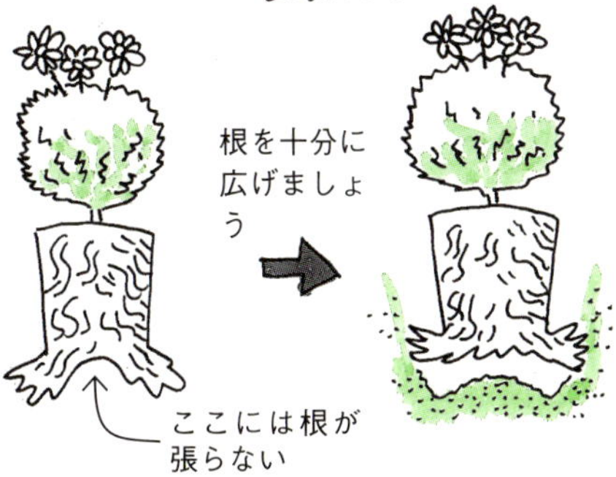
根を十分に広げましょう
ここには根が張らない

掘った穴の中央を山にして、そこに苗の根のくぼんだところが当たるようにして土と密着させましょう

ウォータースペースをつくろう

上手な水やりのために欠かせないのが、土から鉢縁までの2～3cmのスペースです

ゆっくり
たっぷり
あげれるネ
プールをつくってゆっくり水を全体にしみこませます
すぐにあふれちゃうよ！何回もやらなくちゃ
ムレ
ムレ
ウォータースペースがないと水をやるとすぐにあふれてしまい、十分な水やりができなくなります
下に植えすぎると、土の量も足りなくなるし、風通しが悪くなり、ムレてしまうことになります。30～60cmくらいまでのコンテナなら指1本半から2本くらいが理想です

デージーによりそうようにシロタエギクを植えたら、中央にキンギョソウの穴を掘り、その土をシロタエギクの株元にかけて軽く押えます。
キンギョソウを植えたら隣の穴を掘り、またその土をかけて押える、これを繰り返して奥から植えていきましょう。
反対側のノースポールを植えると中段までできあがります。花の正面を必ず見つけて植えてね！
アッ忘れてた!
アリッサムを少し手前に傾けて、葉と花がコンテナの縁にかかるように植えます。だんだん土があまってくるはず。植えやすいように外に出して作業しましょう。
一番最後はアイビー。正面から見て土が見えないように、アイビーのつるの伸びる方向を調節します。入らないときは、根鉢を2～3つにわけて植えてもいいんですよ(株分け)。
バンザーイ
やった才1号!!
さすが奥さん
ヨカッタ!
ワン
よくできました！
エライエライ！
よかった！
じゃあちょっとチェック！

12. 完成したら土のチェックをしましょう

■苗の傾きを整える

中央の花はまっすぐ立つように押えなおしてあげます。サイドに来る花は外側にむけて少し傾けてボリュームが出るように植えます

■葉が埋もれていないか

葉が土の中に埋もれていたら、外に出して土を払い落としてあげましょう

■苗と苗の谷間を埋める

葉についた土を払い落としながら谷間のチェックをします

水やりをすると谷間が深くなるので見逃さず土を補充してくださいね

ここにできやすい。角型のコンテナはとくにチェック

植え付けのあと何回かは、水やりをすると土のすきまがなくなり、表面に谷間ができてきます。植えたときと同じ培養土をそのつど補充します。

土の表面は中心が高くなるよう仕上げよう

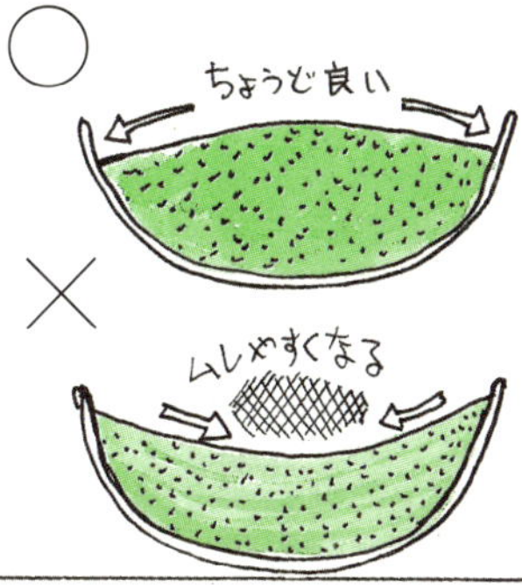

全部の苗を植え終わったら、コンテナ全体の土の表面にデコボコがないように平らに仕上げるクセをつけましょう。丸いコンテナは真ん中が少し山になるような気持ちで仕上げます。中央がくぼんでしまうと水がたまってしまったり、風の通りが悪くなってムレやすくなってしまいます。

きんや先生のまじめな コラム③

ちょっとくわしい花の話

◎花は何のために咲く？

動物と違って自力で動けない植物は、タネを残すために必要な受粉（受精）を、自分以外の力に頼らないといけません。はじめは水や風の力を借りていましたが、やがて虫や鳥など他の生き物に手伝ってもらうために、きれいな花と甘い蜜で呼び寄せるようになりました。

花は、子孫を残すため、つまりタネをつくることが目的で咲きます。花が咲きタネができると、体の養分は立派なタネにするために使われ、だんだん体が弱ってきます。私たちは花を楽しみたいので、咲き終わった花はなるべく早く摘み取り、タネづくりに養分を使わせないで、その分花を多く咲かせます（「花がら摘み」52ページ参照）。

◎花の色、それぞれの理由

雪が解けると春いちばんに咲いてくるのは黄色い花たちです。スイセンやフクジュソウをはじめ、寄せ植えで使われるプリムラポリアンサやパンジー、ビオラも春の花。園芸品種の花でも黄色の花は香りも強くひときわ美しいものです。春になり虫たちを呼ぶために、花たちは虫の好きな黄色い花を咲かせるのでしょう。

虫のいない冬場は小鳥たちの好きな赤い花が多く（椿など）、ピラカンサスをはじめ赤い実をつける種類も多いです。カキやリンゴも熟して食べごろには赤くなりますね。ちなみに、鳥たちを当てにせず、動物たちに果実やタネを運んでもらうドングリなどは、飾り気のない地味な茶色。それはドングリを食べるリスや熊達が色がわからないからなのです。

こんなふうに相手のことをよく勉強し、さまざまな工夫をこらしてきた美しい花たちに人間もひきつけられ、愛してきました。

◎雑草じゃない、別草だ

一般に雑草といわれる花たちも、とても美しい花を咲かせます。人が勝手に必要な花と必要でない花を区別するから“雑草”という概念が出てくるのです。他の人から「雑草？」と言われがあれば、花を見たり食べたり利用の仕方があれば雑草ではなくなります。もし名前をつけるなら「別草」であるべきではないでしょうか。

◎いろんな花の個性をいかせるのが寄せ植え

バラやラン、ボタンやシャクヤクなど、とても立派で豪華な花もあります。こうした花は、寄せ植えにしなくてもひと鉢を置いて飾るだけで周りをぱっと明るくしてくれます。

そこまでじゃなくてもそれなりに美しい花が本当にたくさん、世界中に存在します。園芸品種じゃない道端に咲く花たちも美しい。寄せ植えの楽しさは、そういう花たちのそれぞれの長所を生かし、組み合わせの相乗効果でいっそう華やかな作品をつくれるところです。それぞれの美しさをひきたてあい、皆で美しくなるのです。その演出やデザインが寄せ植えの醍醐味でもあります。植物の数だけ寄せ植えにもいろいろな可能性があります。自分の価値観とルールで自由につくっていいんです。世話するのも飾るのも自分なのだから。

一度寄せ植えをつくると、周りの花や植物を見る目が変わってきます。近所の庭から道端のそれこそ雑草まで、目が行くようになるでしょう。たくさんの発見があるはずです。あなたらしい感性で、その花の美しさを引き出してあげてください。

13. 植えたらすぐに水をあげましょう

アラ
これいらないの?
さ、水やりしよう!葉や花に水がかからないように、シャワーのハス口《くち》はとって、やさしくゆっくりあげようね
ハス口
根と根のすき間に土の粒を入れる仕事もあるから、とくにはじめはゆっくりね。
水
水
水が葉や花にかからないように、手で葉や花をよけて、土に直接あげてください。
数ヵ所からあげ、鉢の表面全体にプールをつくる気持ちで。
キャー!
よっしゃー
たっぷり飲めよ
こんなに乱暴にすると穴が開いたり土も流れちゃう!
ジャー!!
土と根っこにゆっくりとしみこませて、下の穴から出てくるまで水やりしてくださいね。
グスッ!
さすが、自分で植えたからやさしくするね
あたりまえじゃんもう!自分でやるから!!
ワン!

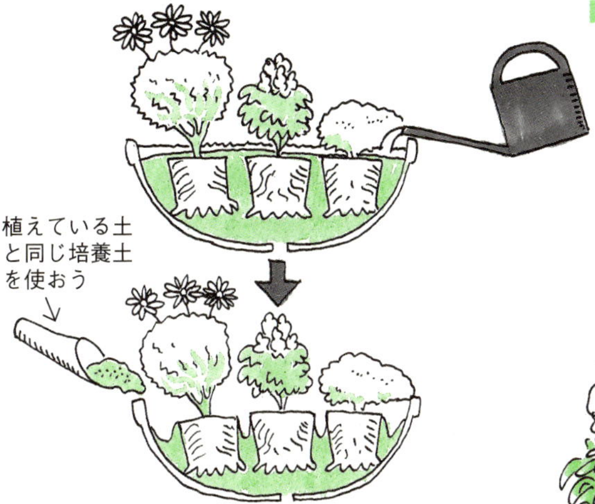
植えている土
と同じ培養土
を使おう

■水やりすると、土が減る

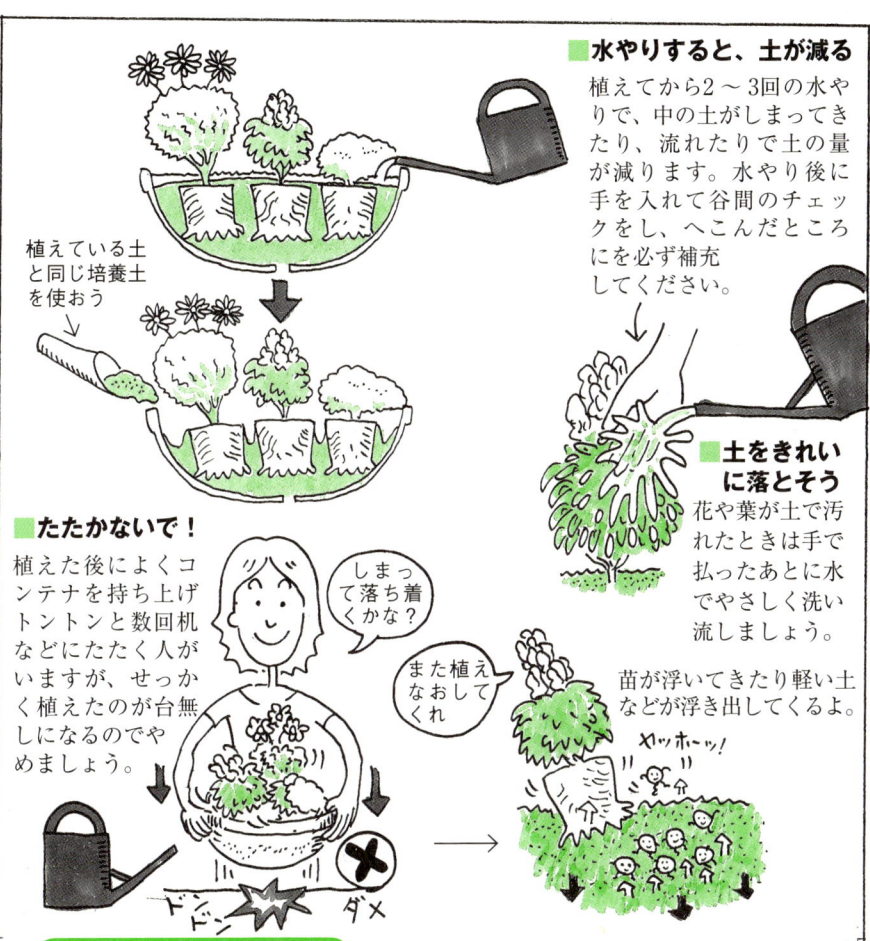

植えてから2～3回の水やりで、中の土がしまってきたり、流れたりで土の量が減ります。水やり後に手を入れて谷間のチェックをし、へこんだところにを必ず補充してください。

■土をきれいに落とそう

花や葉が土で汚れたときは手で払ったあとに水でやさしく洗い流しましょう。

■たたかないで！

植えた後によくコンテナを持ち上げトントンと数回机などにたたく人がいますが、せっかく植えたのが台無しになるのでやめましょう。

しまって落ち着くかな？
ドン
ドン
ダメ

また植えなおしてくれ
ヤッホーッ!

苗が浮いてきたり軽い土などが浮き出してくるよ。

葉や花には水をかけないで

人間が人工的に交配した園芸品種にはデリケートな花も多いんだよ。ペチュニアやアゲラタムなどは花に雨が当たるとベタベタになったり色が変わったりする。病気の原因になる場合もあります。雨の多い年は植物も病気にかかりやすいものなんですよ。

ガーデナー（園芸愛好家）の心がけとしては「花や葉には直接水をかけない」ということを基本にしてください。時と場合によりますが、寄せ植えはとくに水やりは株元にたっぷりやさしくが基本です。

14. 完成してもすぐには飾らないで!

さっそく玄関に飾って自慢しよう！
水やりしたら重くなったわ。あなた持ってね
ごめん、もう少し待って。ここの玄関って日当たりや風当たりが強くないかな？
うちのマンション、結構明るいよ。すぐ飾っちゃだめなの？
もういいじゃん！
ガンバレ!!
根を切って植えるのは大手術したようなものなんだよ。
ガンバッテ!
根が切られたショックで水分をうまく吸収できないところに強い風や日光が当たり、葉が活発に水分を吸い上げようとすると、根のはたらきが追いつかなくて、根も葉もいじけてしまうんだ。
2～3日でいいから日陰で直射日光と風から守ってあげるといいね。すぐ回復するよ！
まーきれいねー。ガーデニングはじめたの？上手だわ！
やっぱり？ありがとう！またつくってみようっと
堂々と飾りましょう!
お待たせしました

15. 植え付けはなるべく午前中にやろう

アタボーよ。花のためじゃん！
おやー？やさしい水やり、やればできるじゃん！
ヨシヨシ

夜の寒さが植物にはつらい！

何度も言うようですが、植え付けた直後の根はとてもデリケートです。朝晩寒い季節、植え付け後の寄せ植えの土が濡れたままで夜になってしまうと、夜間の冷え込みで根が傷んでしまい、うまく生長しなくなってしまうことがあります。秋遅くから春にかけては、植え付けは午前中に終わらせ、夕方には土の表面は少し乾いている状態にしてあげたいものです。

まってー！もう少し！のってきたんだから
もういいかげんにやめて明日にしたら？

午後～夜しかできないときは？

午後～夕方しか作業ができない場合は、苗や土にあらかじめ水をあげて湿らせておきましょう。こうしておけば、植え付け後すぐに水をやらなくても半日程度ならもちます。そして次の日の午前中に、根と土のすきまをつくらないためにたっぷりの水やりをあげましょう。

もちろん、季節にかかわらず、苗が乾いて元気のない状態だった場合は、あらかじめ水をあげ、しゃきっと元気にさせてから植えることが肝心ですよ。

花壇も植え付け方は同じ！根を大切にね

学校や地域の行事で花壇やプランターなどに花を植えるときに、デザインどおりに皆にちゃんと植えてもらうために、苗を植える場所に仮置きしていくことがあります。親切にもポットから抜いて20分も30分もポットなしの裸のまま、日光や風にさらされてしまっています。花たちは植えられる前からしおれていじけてしまい、しばらく成長しないものです。

原則は寄せ植えも花壇も同じ。デザインを悩むときはポットのままで。植えるときはさっとスピーディーにね！

きんや先生のまじめな コラム④

ちょっとくわしい葉の話

◎葉っぱはエライ

植物というとすぐ「花」をイメージするのですが、緑の葉こそ、植物そのものではないでしょうか。葉の緑色は、「葉緑体（クロロフィル）」の色です。クロロフィルは光や水、二酸化炭素から有機物をつくり出す「光合成」という大仕事をします。光合成ができるおかげで、植物は自分が生きるため、生長するために必要なエネルギーを自分でつくることができるのです。ここが動物との大きな違いです。

◎葉はいろいろなサインを出している

葉はとってもおしゃべりで、いろいろな情報を私たちに与えてくれています。「水がほしーよー」というときは葉がしな〜っと元気がなくなります。「おなかすいたよー」というときには濃い緑色だった葉が黄緑っぽく色があせてきます。株全体が疲れてくれば、下の葉から黄色く変わり、順に落ちてきます。日光が足りなくなるとヒョロヒョロひ弱になってきます。元気なときのようすと比べて、今どんな具合なのかな、元気かな、と葉のおしゃべりを聞いてあげる気持ちが大切です。聞く気持ちがないと聞こえてはきません。

◎葉っぱだって呼吸している

根と同じように、葉ももちろん呼吸しています。昼は、呼吸で出す二酸化炭素以上に光合成で酸素を出していますが、夜は二酸化炭素を出すだけです。空気がよくなると思って、日当たりのいい室内に観葉植物を置く人は多いですが、そうした部屋は朝一番には酸素が薄くなっており、かえって息苦しく感じることもあります。

また、葉は蒸散といって、体の水分を蒸気として出して体温を調節する仕事もしています。夏の暑い日は、さかんに蒸散して体を冷やそうとしています。もちろん根も葉のために一生懸命水を吸います。だから夏の寄せ植えの土は乾きやすいんですね。

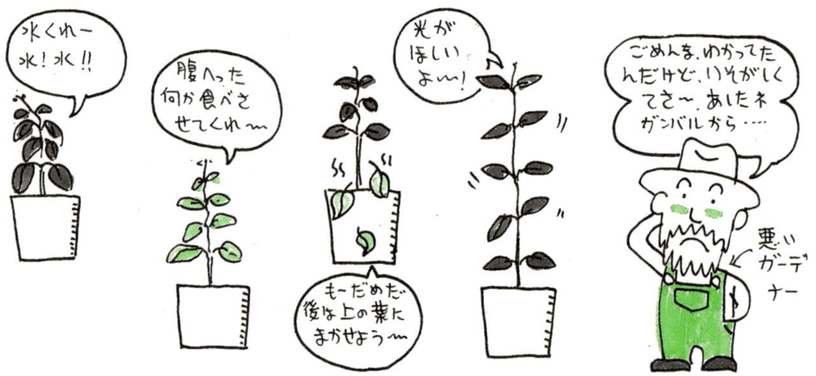

PART2

美しさを保つためのお手入れ

緑山家ガーデニング物語　第２話

つくってからのお手入れが大事!

やったわね！きれいになったでしょ？私ってガーデニングの才能あったんだねー。
あははははー
ホント、君は天才かもしれないね。ホレ直した！
大満足
よくできました
あ、センセイ。ありがとうございました！じゃ、バイバイ
なに言ってるの！ガーデニングはこれからが本番だよ！
ペットの犬と同じとは言わないけど、花という生き物が家にやってきたんだ。お世話するのはあなたたちしかいないと思ったほうがいいなあ。
この花たちを生かすも殺すも、これからの管理しだいだ。よろしく頼むよ！
そうね、こんなにきれいなんだもの。ちゃんとお世話しないとね
こいつみたいに一生めんどうみてやらないといけないのかー
桃花は腹が減るとうるさいけど、花もなんか言ってくれるといいよね
そうだね、でも花もおしゃべりしていると思うよ。聞く耳をもたないといけない

はじめは聞こえないかもしれない。でも毎日世話していくうちにわかってくる。この美しさを1日でも長く楽しむことからガーデニングを少しずつおぼえていきましょう。まずは、1日1回花たちにさわってみよう！
なんかめんどくせー。
世話っていっても。毎日水をやってればいいんでしょ？ま、それもつくったこの奥さんの仕事だけどね
ウワッ
ヒドイ!!
水やりは1日1回と決まってるわけじゃないし、やることは水やり以外にもいろいろある。植物や周りのようすを観察して、何をしてあげるかを決めるんだ
ヒュ〜
イヒヒ
ギラギラ!!
ザーザー
晴れの日が続けば水やりの回数は増える。雨の日が多いと病気や虫の心配がでてくる。毎日生長するし、変化もあるけど、さわってみないとわからないことも多い。
花たちは一生懸命
訴えているはずだよ。
へんな
虫がいるヨ
おなか
すいた〜
暑い
ヨ〜！
水飲み
たい〜
ボク
元気。
ま、とりあえず
そのハサミと
ジョウロがあ
れば大丈夫
わかったわ！2人で
ばっちりおぼえるから
教えてください！
オレも
やって
やるか！

1．しぼみはじめた花は摘みましょう

朝のあいさつ代わりに、花をよく見てみよう。
咲き終わった花があったら、摘み取ります。
これを「花がら摘み」と言います。
これが寄せ植えの手入れの基本になります。
花の中にタネができないように、少ししぼんだくらいのとき、花だけじゃなく花柄（かへい）ごと付け根に近いところで指やハサミで摘み取ります。
花柄
「花柄」を「ハナガラ」と当て字にしておぼえておくと忘れませんよ。
少ししぼんだって、まだ咲いてるじゃない！私の花を摘むなんてそんなことさせないわよ！！
ウワッ!
コワ
キー
まあまあ、落ち着いて。花全体を長く楽しむためにはしかたないよ。勇気を出して摘んでみよう。咲き終わった花を放っておくと、病気の原因にもなりかねない。第一、枯れてしまってからではみっともないでしょ。
それに、タネができると、それを育てるために養分が使われ、株も弱ってきてしまうんだ。
お母さんの養分が赤ちゃんに行くのと同じことなんだ
うーん、奥さんの美しさを保つためには、赤ちゃんはもうちょっと待ったほうがいいのかなあ
アリャリャ
バッカねー!!

花のタイプごとの花がらの摘み方

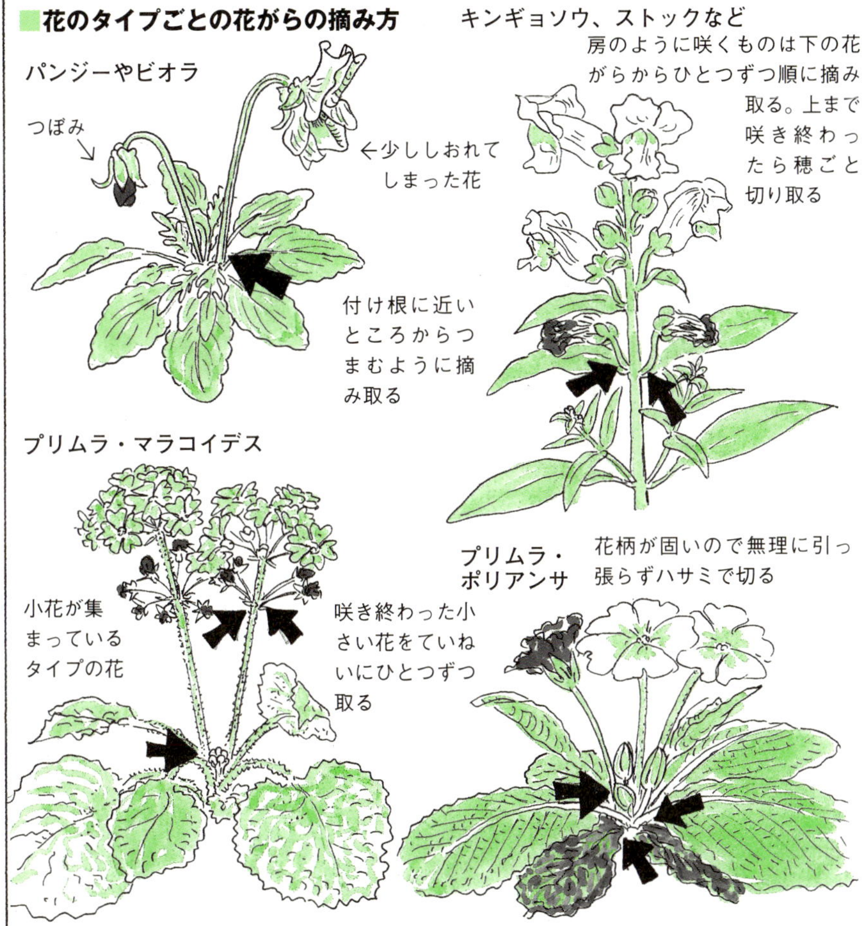

パンジーやビオラ
つぼみ
←少ししおれてしまった花
付け根に近いところからつまむように摘み取る
キンギョソウ、ストックなど
房のように咲くものは下の花がらからひとつずつ順に摘み取る。上まで咲き終わったら穂ごと切り取る
プリムラ・マラコイデス
小花が集まっているタイプの花
咲き終わった小さい花をていねいにひとつずつ取る
プリムラ・ポリアンサ
花柄が固いので無理に引っ張らずハサミで切る

下のほうから咲き進んでしまったら、よい花が残っていても思い切って元から切る

元のほうからつぼみを傷つけないように切る。枯れ葉もハサミをつかって切る

摘んだ後も最後まで楽しもう

花はたくさん咲きますから、他にも利用してみてはいかがですか？

花びんに入れて飾るのはもちろん、ドライフラワーや押し花、ポプリにも。ハーブとしての活用や食用花「エディブルフラワー」として、サラダにできる花もたくさんあります。食べられる花にはビオラ、キンギョソウ、ストック、デージー、ペチュニア、ポリアンサ、トレニア、キンセンカ、センニチコウ、ナスタチウムなどがあります。

最初に咲いていた花には農薬がかかっている可能性があります。自分である程度無農薬で育てて咲いた花から活用してみましょう。

2. 乾いたら水をあげます

次に大切なのが水やりだね。この花たちの生死はあなたたちの水やりにかかっている
水やりって毎日やるものじゃないんですか？
毎日やるとか、1日おきだとか、決めないほうがいいね。いちばん困るのが水のやりすぎなんだよ。
朝、花がら摘みをするときに土にもさわってみましょう。できれば1～2cm深さのところまで指を入れてみて、乾いていたら水をやりましょう。
雨で土がぬれていたら水はやらないでしょう？雨の当たらないところのコンテナも、晴れの日と雨の日とでは土の乾き具合が違うはず。水やりの間隔は、季節や天気によってけっこう変わるものなんですよ。
花が水をほしがっているから水やりをするんです。
水がないよ!!
ワン!!
土は乾いているけど、今日は雨が降りそうだから大丈夫だな。へへへ、遊びに行こうっと
もし降らなかったらどうするんだい？やっておいたほうがいいよ

■水やりは、ゆっくりたっぷりと

いきおいよく水をやると、土の表面と鉢縁と土のすきまを水が流れるだけで、土の奥には行きません。水をやったつもりでも花たちは元気にならずに、逆に根の張りが水の届く鉢縁と土の表面だけになり、乾燥に弱くなっていきます。

ジャー!!
カラカラ

勢いよくやると…
外のすきまを流れるだけで、中はカラカラ

ゆっくりやると…
ゆっくりプールをつくって水をためながらコンテナ全体に水が浸透していきます

アッツー
ギラギラ
ギラギラ
カビがくるよー

■水やりは午前中に

水やりは朝の早いうちに。昼にやると、葉の上に残った水滴がレンズのようになり、強い日差しを受けて葉が焼けることもありますよ。
夜に葉の上に水があったり周りに湿気が多いと、カビなどの病原菌が増えやすくなります。雨の多い夏に病気が多いのも、そのためです。夕方には土の表面が乾くくらいが理想です。

カラカラにしてしまったらどうする？

かなりしおれてしまっても、しっかり水やりをして吸わせると案外回復するものです。水やりをゆっくりやるか、次のような「腰水かん水」をやってみましょう。大きい発泡スチロールの箱など、浅いプールのようになる器に水を張って、そこにコンテナごと浸けて水をゆっくり吸わせてあげましょう（コンテナが水浸しにならないようにします）。このまま風の当たらない日陰に30分～1時間くらい置いておくと元気になると思いますよ。

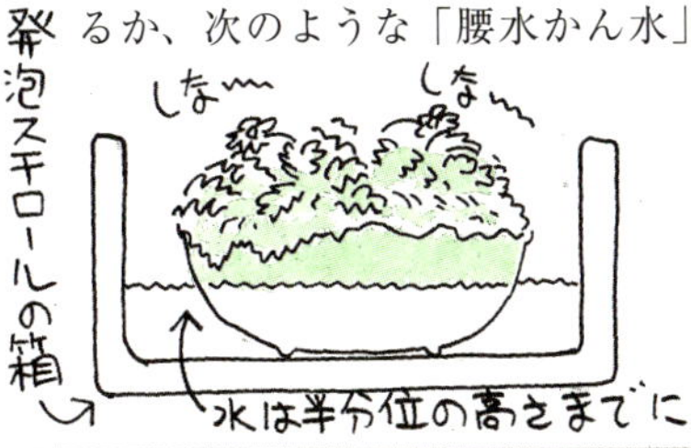
発泡スチロールの箱
しな〜
しな〜
水は半分位の高さまでに

■水やりは水分補給だけじゃない

上から水を流すことにより、老廃物や根から出た二酸化炭素、有機物から出た有害なガスを外に追い出し、新しい酸素たっぷりの空気を土の中に入れます。
下から流れ出る茶色い水は老廃物などを含んでいるので、受け皿をしている場合、たまった水は捨ててあげてください。

■葉の表面はいつもきれいに

光合成や呼吸が十分にできるように、葉はいつもきれいにしておきます。水やりのときは葉や花にかけないのが基本ですが、土やホコリが付着しているときは、水をかけてきれいにしてあげます。でも夕方までには葉の表面が乾くようにしてください。

有害ガス
空気
水くんの後に僕が入っていくよ
僕は水だ、早く出て行け！
ひゃーたすけてくれ
老廃物
えー跳ね上がって葉の裏を汚してしまうの？

■泥が葉についたら病気になることも

水やりはていねいにやさしくしないと、どしゃぶりの雨が降ったときのように跳ね上がった水が、土と一緒に葉の裏について、病気のもとになる菌が侵入する場合があります。

寄せ植えは蒸れてしまいやすい？

寄せ植えは葉がふれ合うほど密に植えるので、蒸れて病気になりやすいと思われがちですが、環境と管理がよければ平気ですよ。置き場所は日当たりよく、風通しがよくて、新鮮な空気が運ばれるようなところに。ごみごみしてきたときは、枝や葉を切ったり、株を抜いたりして、スッキリとさせます。

きんや先生のまじめな コラム⑤

ちょっとくわしい水と空気の話

私たち人間にとって、生きていくために水と空気はなくてはならない存在ですね。もちろん植物にとってもそうです。寄せ植えでは、地植えと違って土の量が少ないので、放っておくとすぐに乾いてしまいます。また、根づまりしやすく土の中は酸欠になりやすい（36ページ参照）。みなさんの水やりに、植物たちの命がかかっているんです。

また、植物にとっての水と空気は、動物にとっての役割とは、少し違うところもあります。植物にとって水（H_2O）と空気（CO_2）は、肥料以上に大切なごはん（光合成で有機物をつくるための材料）でもあるのです。ここでは、植物にとっての水と空気の役割を見てみましょう。

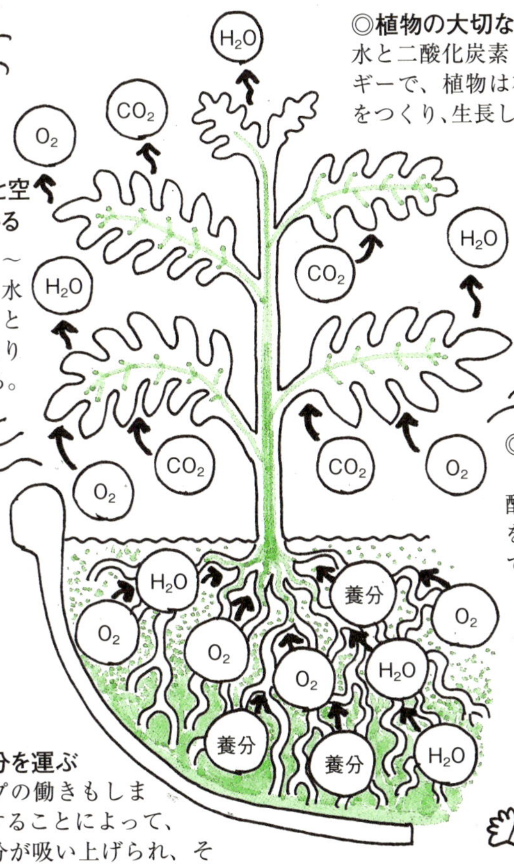
H2O
CO2
O2
H2O
CO2
H2O
CO2
O2
CO2
CO2
O2
H2O
養分
O2
O2
O2
O2
H2O
養分
養分
H2O

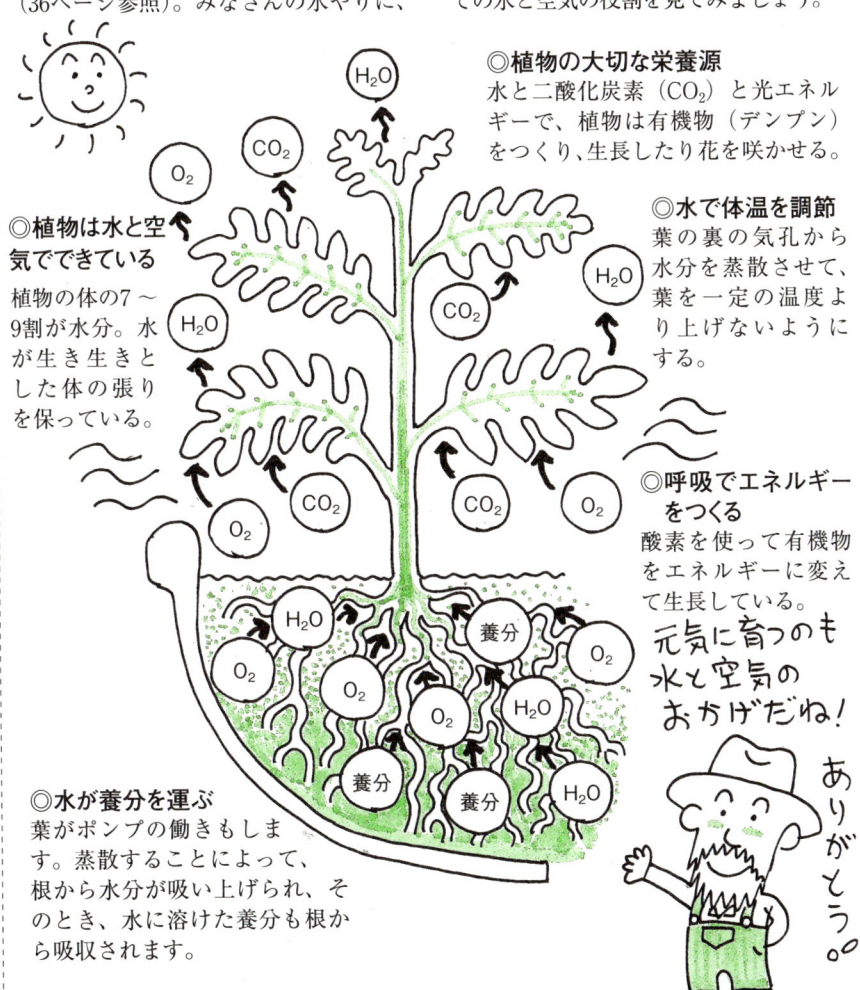

◎植物の大切な栄養源

水と二酸化炭素（CO_2）と光エネルギーで、植物は有機物（デンプン）をつくり、生長したり花を咲かせる。

◎植物は水と空気でできている

植物の体の7～9割が水分。水が生き生きとした体の張りを保っている。

◎水で体温を調節

葉の裏の気孔から水分を蒸散させて、葉を一定の温度より上げないようにする。

◎呼吸でエネルギーをつくる

酸素を使って有機物をエネルギーに変えて生長している。

◎水が養分を運ぶ

葉がポンプの働きもします。蒸散することによって、根から水分が吸い上げられ、そのとき、水に溶けた養分も根から吸収されます。

元気に育つのも
水と空気の
おかげだね！
ありがとう。

3. 小さな株は芽を摘んで枝を増やします

買ったばかりの苗だけど、心止めといって、この真ん中の花を切ってしまいます
キャー!!
なんてあんたは残酷なんだ！せっかくの花を切るなんて！かわいそうじゃないか
わたしにはできないわ!!
まあまあ。最初のうちに先を切っておくと、わき芽が増えて株全体にボリュームが出てくるんだよ。最初の花は、早めに切ってあげたほうが実はいいんだ。
わき芽が増えれば、その分だけ花がたくさん咲くよ。花いっぱいの生活を送りたかったんじゃないのかい？
ガーデニングでは、こういう風に芯を止めることを、「摘芯」っていうんだ。上手な人はみんなやってる。背ばかり伸びても楽しくないからね
ホントかなー？
ホントだよ！もう。摘芯した花は、捨てずに一輪挿しなどで飾って生かしてあげよう。そうすれば、かわいそうじゃないでしょ？

枝分かれしてても摘芯！

ユリオプスデージーやマーガレットなど、すでに花茎が数本あり、つぼみがいくつもある場合でも、それぞれの芯を摘んでおくと、さらに茎が増え、コンパクトな形で花がたくさん咲きます。

ペチュニアこそ摘芯！

ペチュニアは放っておくとながーく伸びていってしまいます。背が10cmくらいに伸びたら、それぞれの花芽のある先端を摘んで茎の数を増やし、こんもりとした形に仕立てましょう。

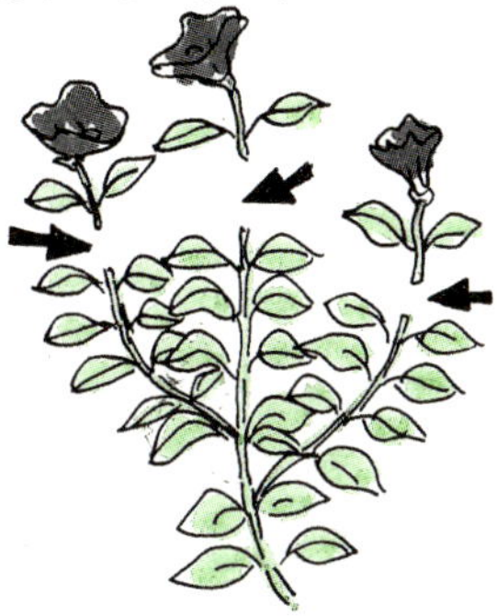

花の大きいストックやキンギョソウも遠慮なく摘芯！

直立の枝の先端に咲くストック、キンギョソウ、マリーゴールドなどは立派な花が咲きますが、思い切って早めに切ります。すぐにわき芽が伸びて、次々と花が咲いていきます。

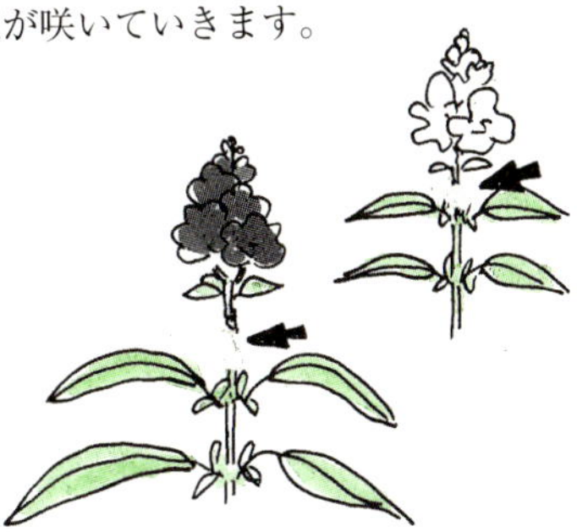

花がら摘みのいらない花も忘れず摘芯！

インパチェンスやニチニチソウは、勝手に花びらが落ちるので花がら摘みいらず。でも、摘芯は早めにちゃんとやっておこう。

大きな花を咲かせたいなら、逆にわき芽を取ろう

たいていの植物には、葉や枝のつけ根に小さな芽の赤ちゃんである「わき芽」があります。わき芽は、ふだんは動かずじっとしているのですが、摘芯することで、その周りのわき芽が目覚めて動き出します。花や枝の先に近いわき芽ほど、休眠が浅くて、勝手に伸び出すこともよくあります。

キクやバラなど、とくに大きく花を咲かせたい場合には、逆にこのわき芽を取ってしまうことがあります。養分を先端の花に集中させるためです。これを「芽かき」といいます。

たくさん楽しむか、大きく楽しむか。植物の性質を利用して、工夫してきたんですね。

4. 大きく伸びすぎたら切り戻しましょう

花が咲き終わって、背が伸びてきたものは、切り戻してあげよう。3分の1から半分くらいまで、ズバッと切るんだよ。
もう、ダメ。今度は元気な茎までそんなに切るなんて。めまいがするー
だいじょうぶかい？
なんであなたはいつも切ってばっかりなんですか！そんなにさくらと花をいじめて楽しいんですか!!
まぁまぁ
別にいじめてるわけじゃないよ。花のためなんだけどなあ
花のためって本当ですか？だいたい切ったら痛いでしょ？心も痛むんだよ。とくにうちの奥さんのようなやさしい人はね！
花がいっぱい咲くとね、植物は疲れちゃうんだ。切り戻しをすると、若返ってかえって元気になるんだよ！
下の葉にも光や風が当たるから元気になるし、新しい葉や茎も伸びてきますよ
なんだー。早く言ってよ先生。若返りするんでしょ。いいねー
はい ハサミ!!

切り戻しは株全体を若返らせる

花がら摘みの場所
切り戻しの場所

ペチュニアやサフィニアなど、垂れ下がってくる花たちは、そのままにしておくと下の葉から枯れてきて、茎だけになってきます。
一度に切り戻すとさびしくなるので、2週間おきくらいに1本ずつ切っていくとよいでしょう。
枝分かれしたところから、葉を2段くらい残して、思い切って切り戻します。このとき、液肥などの追肥を忘れずに！早く回復する力をつけてあげます。

暖かくなると急に伸びる！

ノースポールなど、冬に強い花は暖かくなると急に伸びてきます。そのままでは形も乱れてしまうので、株元から10cmくらいの高さのところで切り戻しすると、花がまた咲いてくるでしょう。

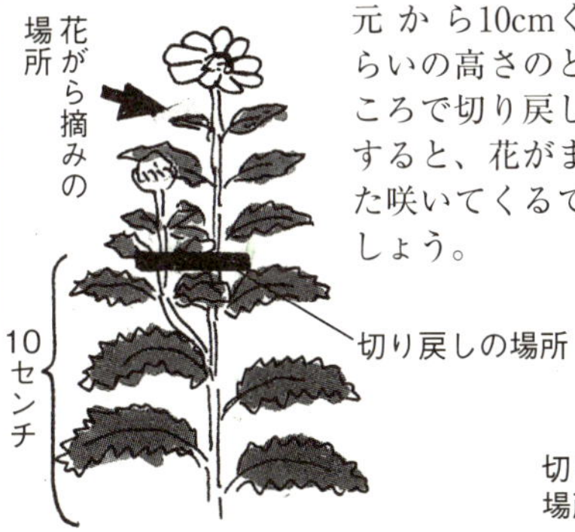
花がら摘みの場所
10センチ
切り戻しの場所

穂のような花が咲くタイプ

サルビア・コクシネアやファリナセアなどが夏すぎに形が乱れてきたら、「花がら摘み」よりもっと下のところ、3分の1ほどを切るつもりで行ない、再び花を咲かせます。

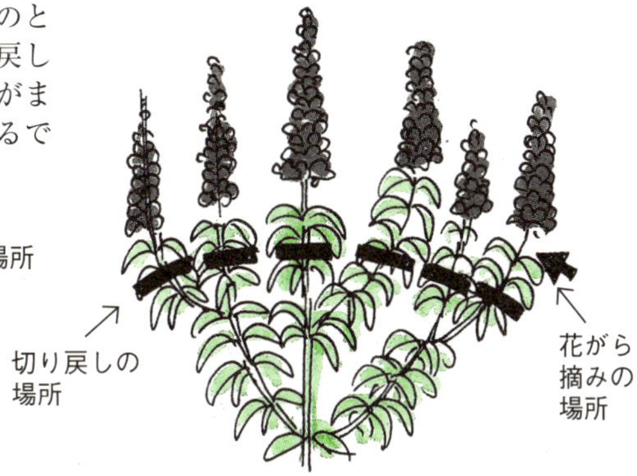
切り戻しの場所
花がら摘みの場所

切り戻しをしなくてもいい花

マット状に広がり美しい花を咲かせる「シバザクラ」や「マツバギク」などは、枝を伸ばせば伸ばすほど花つきがよくなるので、切り戻しはしません。パンジーやビオラも切り戻しはいらないのですが、暖かい時期になると下葉が蒸れてくるので、間引きをするつもりでところどころ切り戻し、風通しや日当たりをよくします。

形が乱れる前に10cm位に切り戻して元気にしよう。

5. 花にも栄養をあげましょう

花たちにも食事って必要ですよね？
そう、肥料をあげないとね！元肥入りの培養土でも1ヵ月後には追肥をする必要が出てくるね
追肥ですか？
花の様子を見ながら肥料を少しずつあげることだね。花をたくさん咲かせるからおなかがすいてくるんだ
いろいろな植物が入ってるけど、別々に肥料やるんですか？
?
鉢が小さいから、それはできないんだ。色があせて弱った植物がひとつでもいたら全体に追肥することだよ
液肥っていう、水に薄く溶かして使う肥料があるんだけど、なれないうちはこれを2週間に1度水がわりにやっておくといいね。花つきをよくするリン酸や体を丈夫にするカリ分の多い液肥がいいよ
NPK
おー効きそうなドリンクだね？
まだおなかがすいてない花にも養分が行くことになるけど、切り戻しなどでボリュームを調節しながら体を丈夫にして、新しい花芽を増やしてやるといいね
さっそくやってみよう。効くぞ～
キャー!!
薄めてから使うんだってば!!ちゃんと説明書を読んで使い方を守ってね
おっと待って待って!

コンテナは肥料が切れやすい

小さいコンテナに花を密植する寄せ植えは、土が少なく肥料分を長く保つことができません。葉の色が少し黄色っぽくなると肥料切れのサインなのですが、こうなる前に追肥をしましょう。肥料の説明書の用量・用法を守り、定期的にあげるのが長持ちのコツです。

小粒の化成肥料

粒状の化成肥料もいろいろなタイプがありますが、花の根元（株元）を避けて、土全体にまきます。葉についたら水にかけて落としてあげます。

いろんな肥料がある

化学肥料（化成肥料）、有機質肥料の大きく2種類があります。化学肥料は水に溶けることで、有機質肥料は土の中の微生物に分解されることで植物に吸われます。化学肥料は速効性で効き目が切れやすく、有機質肥料は遅く効くものの長持ちする肥料です。

大粒の化成肥料

粒の大きいタイプはゆっくり効くので、指で土の中に埋めると効き目が早くなります。株から離して一つひとつ埋めます。

有機質肥料

においやカビが出る場合があるので、土に完全に埋めてしまいます。

液肥

化学肥料と有機肥料の両方のタイプがあり、どちらも速効性があります。薄める倍率はパッケージの用法より少し薄めにして、水やり代わりにたっぷりと与えてやるとよく効きます。

ラクできる粒状、すぐ効く液肥

液肥は水に溶けているのですぐに吸われます。弱った植物を早く回復させたいとき、液肥は効果的です。そのかわり効き目が長くないので、粒の肥料よりひんぱんにあげる必要があります。少し手抜きをしたいときには、ゆっくり長く効く粒の大きい肥料がいいでしょう。

きんや先生のまじめな コラム⑥

ちょっとくわしい肥料の話

◎チッ素、リン酸、カリが基本

花たちが健康に育っていくためには、16種類の要素が必要とされています。このうち、チッ素（N）、リン酸（P）、カリ（K、カリウムの略称）の3種は、大量に必要なのに土のなかで不足しやすい大事な養分で、肥料として人間が与えてやらなければなりません。この3つを、肥料の三大要素といいます。

他にもカルシウムやマグネシウムなど、ミネラル分も少しずつ必要なんだよ

リン酸
花や実をつけたり根を伸ばすために必要。不足すると花つきが悪くなり咲くのも遅れる
チッ素
葉や枝や根を生長させる。足りないと葉が黄色くなり生長が悪くなる。多すぎると花つきが悪くなり軟弱に育つ
カリ
根や茎を丈夫にし、全体の育ちをよくする。不足すると葉先が黄色くなる

◎寄せ植えにはリン酸・カリが多い肥料を

肥料のパッケージには、3要素の含まれている量と比率が書いてあります。商品によって比率が違いますが、寄せ植えは花を楽しみ、丈夫に長持ちさせるのが目的なので、リン酸（P）、カリ（K）の比率が大きく、株を大きくさせるチッ素（N）は控えめの肥料を選びます。「草花用」などと書いてあるものなら安心です。

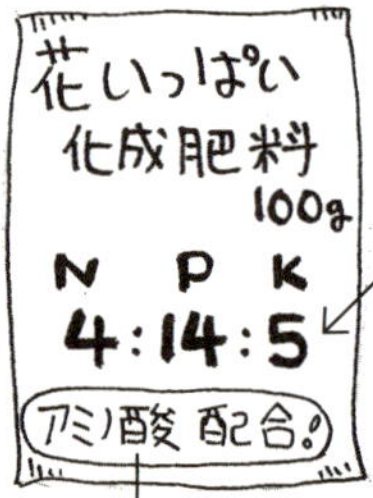

花いっぱい
化成肥料
100g
N P K
4:14:5
アミノ酸 配合!
表示の見方
100gあたりチッソ4g、リン酸14g、カリ5gが入っているということ
商品によっては花つきをよくするアミノ酸やミネラルが配合されている

◎季節によって効く早さは違う

気温の低い春先は効きにくく、暑い夏はよく効く。秋はその中間。効きにくい春は、早く効く液肥や粉状の肥料が効果的。冬は植物も活動がにぶくなるから肥料は控えめに。

あったかいとよく効くのね

◎水やりが多いと早く肥料が切れる

水の量が多く、回数が増えるほど早く溶けて早く効果が切れてしまいます。

水だけ出てるんじゃないんだネ

◎有機質肥料は未熟に注意!

培養土のなかには有機質肥料入りのものがあります。聞こえはよいですが、ときには発酵が進んでいない未熟な有機質肥料が入っていて、有害ガスが発生して根に障害が出てしまう場合があります。有機質肥料入りの土を選ぶときにはにおいをかいで、においのきついものは買わないようにしましょう。

有機質だったらなんでもいいってもんじゃないのだ！アンモニアの有害ガスが出ることもあるぞ！

◎やりすぎると根が漬け物になる

肥料を一度にたくさんあげたり、根に直接当てたりすると、根の周りの養分が濃くなって、根が漬け物みたいにしおれてひどいときは枯れてしまいます。これを「肥やけ」といいます。コンテナには少ししか土がないので、やりすぎると土の中の養分濃度が一気に上がってしまうのです。植物は、少しずつ必要な分しか肥料を吸えません。必ず肥料袋に書いてある用量を守ってください。

もし、間違って肥料をやりすぎてしまったときは、水やりの量と回数を増やして早めに外に流し出してあげましょう。

そんなに1回に食べられないよ！
やりすぎると塩漬けに

タクアンみたいになってしまうのね
うすい
水
濃い
水
濃い
水
水
肥やけは漬け物のようなもの

◎切り戻ししたときは液肥をたっぷり

60ページで紹介したように、株を若返らせるために「切り戻し」をすることがあります。このとき、植物たちは葉を一時的にたくさん失うので体力がなくなり、そのままだと生長が鈍くなってしまいます。そこで、切り戻ししたらすぐに、速効性の液肥を薄めにたっぷりと与えて、体力を回復させてあげましょう。またモリモリと生長して花を咲かせてくれますよ。

液肥は栄養ドリンクなんだね

6. 咲き終わった株は交換しましょう

咲き終わった苗はそのままにしておかないで、新しい苗と植え替えしましょう。
飾っている寄せ植えだから、いつも美しく保ちましょう。生きていても花が咲かなくなった植物をそのまま植えておくのは花もかわいそうです
ノースポールとアリッサムはもう終わりかなあ。ちょっとかわいそうだけど。ユリオプスデージーは花はないけど元気そう…どうしよう？
ノースポールやアリッサムは一年草だね。もう寿命だから処分します。ユリオプスデージーなどの宿根草は別の鉢に植えて、また花が咲くまで育てるといいね
植え替え
処分
一年草、宿根草については78ページを見てね
思い切って処分したわ。次は何を植えようかしら？
このマリーゴールドだってさ！
あれ、今回は気持ちの切り替えがいいね。まあそのうち欲が出てきて、タネを取ったり株を増やしたくなってくると思うけどね

きんや先生のおもしろコラム①『長ーい名前と短い名前』

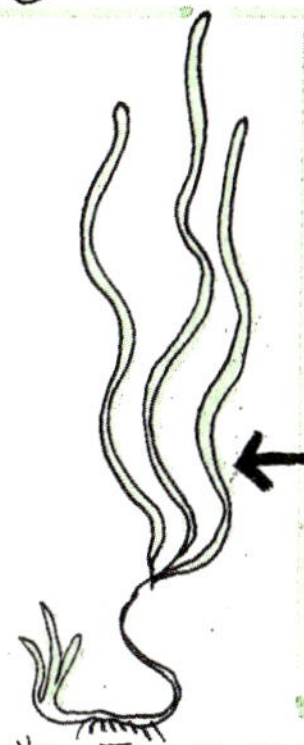

葉の長さが50cmから1mになる海草（オモダカ目アマモ科）

晴耕雨読を気取り、雨の日や夜のヒマつぶしに図鑑をながめていると、いつも気になるのが長い名前なのである。はたして何字なのかを数えるのは案外楽しい（私だけ？）。仮称なのだが植物で一番長いだろうなというのが「リュウグウノオトヒメノモトユイノキリハズシ」の21文字、正式名「アマモ」という海草である。正式和名で一番かな？というのが、高山植物図鑑で見つけた「ジョウエツキバナノコマノツメ」の14文字である。そして逆に短い名前は何かなと思ったら、「イ」であった、ローマ字でも「i」だからすごい。長い名前も呼びにくいが、短いのもわかりにくいから普通はイグサと呼ぶだろうが正式名は「イ」でいいのだ。ちなみに鳥には「ウ」という短い名前があるが「ウ」という正式名の鳥はいなくてそれぞれ「ウミウ」「カワウ」なのであって残念ながら「イ」にはかなわないのである。同じく「カ」という蚊もいなかった。その昆虫で長ーい名前は仮称で「エンカイザンコゲチャヒロコシイタムクゲキノコムシ」の24文字この虫を発見した人は、がんばって考えたんでしょうね？エライ！

谷川岳などに自生する黄色い花のスミレの仲間です。

1mになる

「イ」はイグサ科イグサ属燈心草の名もある。畳オモテに使うのは「コヒゲ」という「イ」の変種。この「イ」の葉というか茎というか途中で切ると切り口は△で水田の雑草には「サンカクイ」というのがあるのだ。

深海魚だ
雌が大きい 45cm
1.5cmの小さい雄が寄生する。

16文字の魚ではこの「ミツクリエナガチョウチンアンコウ」かな？ま、私のとぼしい資料からだから、もっと長い名前もあるかもしれませんよ。

「こんな風にしか図鑑を見ないので、花の名前を憶えられない私なのです。」

7. 移動できるのがコンテナの最大の利点

なんとなく元気がないね?花が少なくなってしまった。暗いからかな?
次の花が咲いてこないのよね
じゃ、明るいベランダで、しばらく育ててみたらどう?
玄関が少しさびしくなるけど、しかたないわね!
寄せ植えは、移動できることがいちばんの利点だね?元気に育つ場所があったらそこで管理すればいい。必要なときには移動して飾ればいいよね
雪が降ってきたから、今晩は玄関の中に入れてあげよう!
雪や嵐の日には安全なところに移動させよう。ちょっとした気づかいで長持ちするよ。
じゃ、またね。きれいな花を楽しみにしてるわ!
ありがとう、今度は別の寄せ植えをご披露するわね!
ご苦労様、またベランダに戻してあげるね
そうそう!花たちも皆に見てもらって喜んでるね
ボクもいるよ!!

きんや先生のまじめな コラム⑦

ちょっとくわしい光の話

◎「日当たり」はどんな場所？

日当たりとは夏の日中（10～18時までの）の直射日光が6時間以上当たる所です。朝夕も含めて1日に合計6時間くらい日が当たるか、木漏れ日が1日当たる所を明るい日陰、1日4～6時間くらいを半日陰、それ以下は日陰となります。

◎植物にやさしい「明るい日陰」

明るくても日差しの強くない高い落葉樹の木陰など（明るい日陰）が、どんな植物も無難で育てやすい場所です。日当たりを好む花もしおれることなく、半日陰を好む花にとっても適応しやすく、両方に合わせやすい環境です。

◎南向きは西日から植物を守る

南向きは、直射日光が一日中当たります。夏は、強い光と乾燥に疲れた花に西日がさらに追い討ちをかけて日焼けなどをおこすので、日よけを南西向きに立て、コンテナを保護します。

◎北向きはわずかな光を逃さない

日照時間の少ない北向きの場所は、朝日の当たる場所を追いかけるように、季節によってコンテナの置き場を替えます。それでも育ちにくい場合日陰向きの植物を選んで植えましょう。

◎光が足りないサイン

日光が大好きな植物を日陰に置くと、植物は光を求めて上へ上へと茎を伸ばしていきます。間延びして葉色もあわく、モヤシのようになります。こうなっていたら、日当たりに移動してあげましょう。

日当たりが好きな花と半日陰が好きな花、どっちも入った寄せ植えはどこに置く？

難しい選択ですが、この場合は弱いほうに合わせて半日陰に置きます。日陰を好むデリケートな花を、夏の直射日光にさらすと、葉が日に焼けたり極端な乾燥についていけずに枯死する場合があります。

日当たりを好む花は、日陰に置くと次の花芽がつきにくくなり、つぼみも咲かなかったりしますが、咲いていた花は日持ちします。強いほうがデリケートなほうに合わせるほうがいいでしょう。こまめな交換と移動で対応しましょう。

きんや先生のおもしろコラム②『同姓同名です、よろしく！』

いろいろなジャンルの図鑑を漁《あさ》っていると、思わぬ発見をしてひとりニタニタする時がある、そのひとつが同じ名前を見つけた時だ。「ホトトギス」

関東以西の山林などに自生
（ユリ科）
杜鵑草
背丈は1mほどになる

カッコウに似てるが少し小さい、ウグイスなどに子育てさせる托卵で有名なのだ
キョッキョキョキョキョと夜も鳴く

①に出てるアマモの間に大群をつくる
3cmくらい
北海道以南の内湾に生息する貝。

は、もちろん鳥が一番で、山草の「ホトトギス」は模様が鳥のに似てるからつけられた。貝にも「ホトトギスガイ」があり、これも同じ理由だ。わたし的には ナントカガイとか、キョウとか、最後に付くのは反則で、そのものズバリが大好きなのだ。「ミヤマクワガタ」は昆虫の方が有名だが、高山植物の「ミヤマクワガタ」も美しい花なのだ。ビックリしたのが、魚類図鑑で「ホウズキ」という魚を発見した時ですね、思わず笑ってしまったのだ。魚の世界もディープである。

ゴマノハグサ科で「イヌノフグリ」と同類

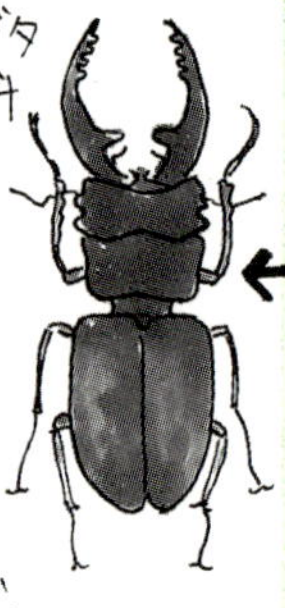
クワガタムシ科
ヒメクワガタなども…虫の方は、ショップでもよく見かけるおなじみの人気のクワガタだ。

ホウズキで人気なのは食用ホウズキ その名は「オレンジチェリー」！ おいしいが、ますますわからなくなる。

このホウズキは体長40cmの赤い海の魚、深い海にいて、食用だからこれもつまり食用ホウズキということに…。

これはオヒョウの葉
にれ科の落葉樹
高さ20mになる高木だ。

日本で一番大きいヒラメ・カレイ類でメスは2.6mにもなる
オヒョウ
（カレイ科）

「シマアジという鳥がいてシジュウカラという魚がいるからやめられない」

PART 3

夏に負けない寄せ植えをつくろう

植え付けに向いている時期　5～7月

緑山家ガーデニング物語　第３話

大きなタルで寄せ植えをつくろう

ゴールデンウィークが近づくと、花もいっぱいだし、心もワクワクしてきますね？
そう、最高だね！でもこれから暑くなってくるから、夏に強い寄せ植えをつくろうか？
今度はこのタル型のウッドプランターに植えてみようよ!!
ウヒャースゲェー！
木のコンテナだろ？花を植えて水をやるのに、腐らないの？
花とかもいっぱい入るだろうし、重くて動かせないわよ。大丈夫？
小さい鉢より、夏はこのくらいボリュームのあるほうが水やりもラクになるよ。塗装したり、焼いたりしてあるウッドプランターは結構長持ちするし、工夫次第で軽くできるんだ！
ガンバッテネ！
今度は何？おれがつくるのかな、やっぱり
テーマは“夏を涼しく！ブルーガーデン”
ワイヤープランツ
ペチュニア
アゲラタム
インパチェンス
トレニア
サルビア・ファリナセア
レースラベンダー
シルバースター
コニファー

1. 大型コンテナのデザインは庭の風景

庭の風景をコンテナでつくろう

大型のコンテナは、庭をつくるつもりでデザインを考えると楽しいですよ。シンボルになるような木(主木)があり、ボリュームのある宿根草があって、にぎやかな一年草もいっぱい咲いている。そんな庭を60ｃｍのウッドプランターに再現してみましょう。

一年草、宿根草については78ページを見てね

これでわが家にも立派な庭ができることになるね
本当ね。いろいろな植物が増えてとても楽しみだわ！

主木とコンテナのバランスが大事

60 cm
60 cm

コンテナの大きさと芯になる主木のバランスは大切です。コンテナの直径と主木の高さが同じくらいだといちばん落ち着きます。

主木にする植物は大きければ値段も高いもの。小さい木をしばらく小さいコンテナで育て、大きくなったら大きいコンテナに移植、もっと大きくなったら庭や単独のコンテナに移植します。

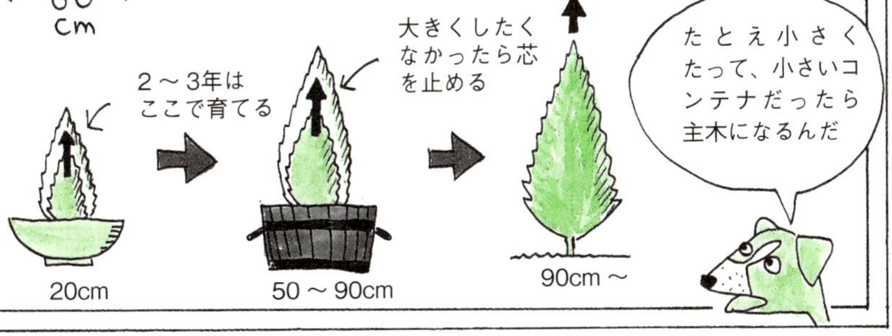
2～3年はここで育てる
大きくしたくなかったら芯を止める
20cm
50～90cm
90cm～
たとえ小さくたって、小さいコンテナだったら主木になるんだ

2. 身近な材料で軽くしよう

じゃ、さっそく軽くする工夫からはじめましょうか？
はいよ！でもどうやって軽くするんですか？
さくらさん、頼んでおいた発泡スチロールと野菜のネットありますか？
はい、ちゃんと集めておいたわよ！
発泡スチロールをこうして小さく割って…ンー！
お、おもしろそうジャン！おれにもやらせて！
バギッ
バギッ
アハハ！楽しい楽しい。これもガーデニング？ハハハ
リサイクルにもなるわね。よかった！
バキ
バキ
バキ
この発泡スチロールは、深型や大きいコンテナを軽くしたり、水はけや根の伸びをよくするために、鉢底に入れます。お金がかからないのがいいでしょう？
テラコッタ
陶器の塗り鉢
太めの先生は、少しお金をかけても軽くしたほうがいいね
自覚はしてますよ。ダイエットが趣味でしてね！
アンタモ!!

■ネットに入れておくと何度も使える

コンテナの底に2割ほど発泡スチロールをゴルフボールからミカン大に砕いて入れます。そのままだと根がからみつき、処分するときに手間がかかるので、野菜ネットに入れて使うと何度でも使えます。

■市販のものを使うときは

通気性や水はけをよくするために、軽石などの鉢底石も市販されています。素材にもよりますが、全体の2割くらいになるように入れるとよいでしょう。また、土自体を軽くするには、パーライトを培養土に2～3割くらい混ぜるとよいです。

パーライトは無菌のとても軽い鉱石の粒。通気性と水はけをよくします

コンテナガーデン用など、軽くなるようブレンドした培養土もあります

天然の軽石や、防犯用で踏むと音の出るガラス質の石も使用できます

キャスター付き移動台を作ろう

2cm厚の合板をコンテナの形に合わせて切る。今回は60×60cm

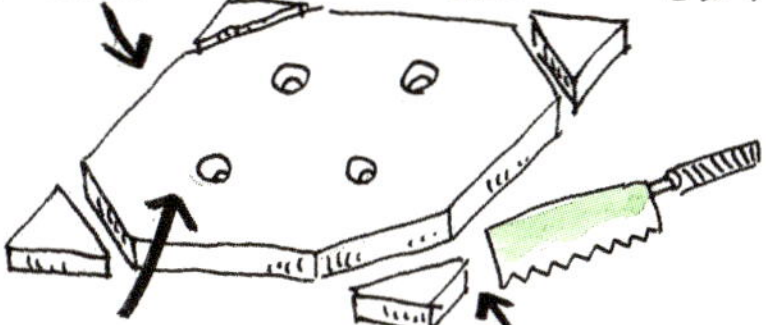

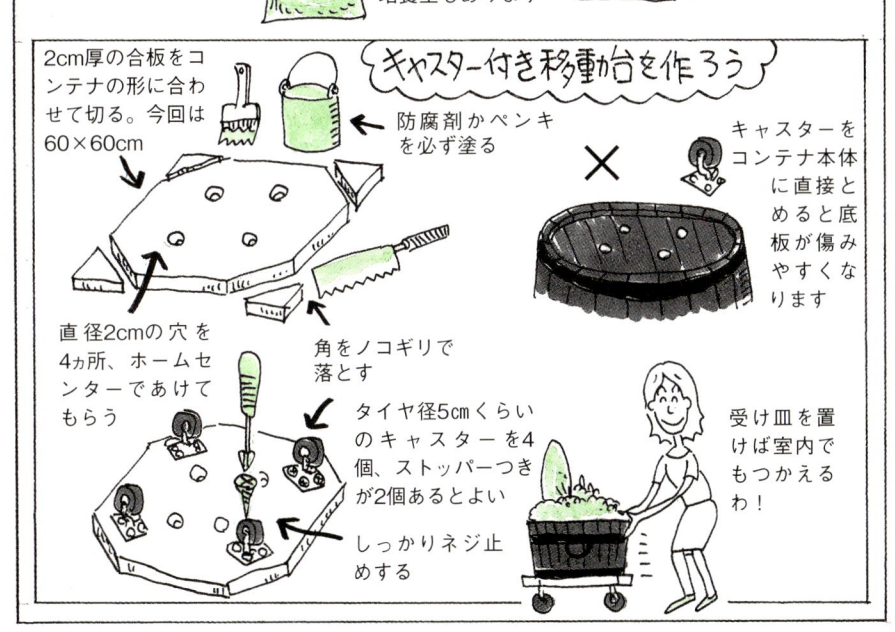

防腐剤かペンキを必ず塗る

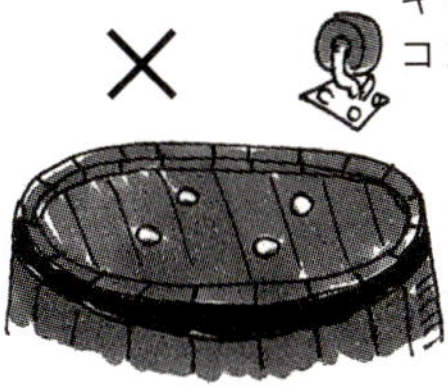

キャスターをコンテナ本体に直接とめると底板が傷みやすくなります

直径2cmの穴を4ヵ所、ホームセンターであけてもらう

角をノコギリで落とす

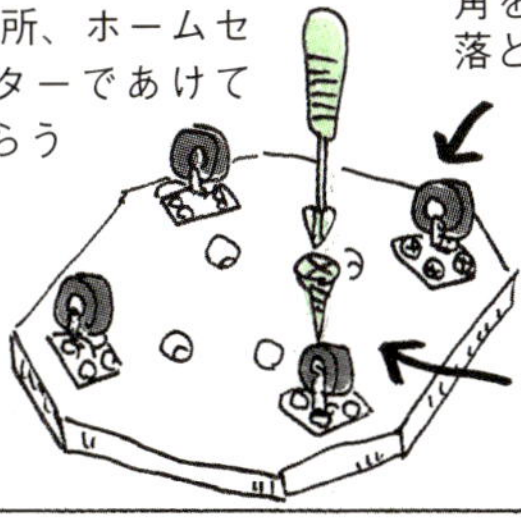

タイヤ径5cmくらいのキャスターを4個、ストッパーつきが2個あるとよい

しっかりネジ止めする

受け皿を置けば室内でもつかえるわ！

3. 春から秋まで楽しめる植物22種

ここでは、全国の園芸店に並んでいる人気のある花22種を紹介します。長年人気があるということは、きれいで、とても育てやすいとみんなに認められているということですね。もちろん、長持ちして寄せ植えにも使いやすいものばかりです（写真は8～9ページ参照）。

●マーガレット

寒さに弱く、日当たりを好むが夏の水切れには注意。ボリュームが出るのでコンテナの主役になります。花後と秋に切り戻しをするとよいでしょう。

●スイートアリッサム

日当たりを好み、夏の水切れと過湿に注意します。赤や桃色などもあるが白花が丈夫。コンテナの手前で他の花の引き立て役として欠かせない花です。

●サルビア・ファリナセア

ラベンダーに似た花で花期も長く丈夫で育てやすい。花がら摘みと切り戻しをこまめに行ないます。夏のブルーガーデンのコンテナには欠かせません。

●アゲラタム

日当たりを好み、やわらかな花色の小花が集まって咲くが、雨に当たると変色します。花がら摘みをこまめにすれば、花期も長く秋遅くまで楽しめます。

●センニチコウ

花期が長く色あせず、切り花やドライフラワーでも楽しめます。日当たりのよい所に置き過湿にならないよう風通しをしますが、乾かしすぎに注意。

●キンギョソウ

花がら摘みと切り戻しで花を長く楽しめ、暖かい地方では冬越しします。育てやすく、やさしい花色で寄せ植えに大活躍する主役の花です。

●サルビア・コクネシア

日当たりを好むが夏は過乾燥に注意。摘芯で花芽を増やし、花後の切り戻しを忘れないこと。花期は長く、やさしい色あいが爽やかな夏を彩ります。

●インパチェンス

寒さに弱い宿根草なので冬は掘り上げ室内に移します。半日陰を好み、夏の日陰の庭には欠かせません。寄せ植えの主役級の花です。

●トレニア

夏好きで花期が長く、半日陰のやや湿った場所を好みます。摘芯で花芽を増やし花がら摘みは忘れないように。伸びて形が乱れたら切り戻しをします。

●ベゴニア・センパフローレンス

夏を代表する主役の花で寒さにも強く2～3℃まで耐えます。夏の直射日光は避け、切り戻しで花を長く楽しみます。花壇苗としては一年草扱い。

●ペチュニア

朝顔に似た花は夏のコンテナの主役。でも雨に当たると傷みやすい。丈夫な改良品種が多く初心者には安心。摘芯と切り戻しでボリュームを出します。

●ニチニチソウ

暖かい地方では低木《ていぼく》となり、日当たりがよいと花も増え花期も長いです。全体に毒を含むので子供やペットが誤食しないように注意しましょう。

●ナデシコ

種類が多くダイアンサスも仲間。日当たりを好むが夏は半日陰に置き、高温多湿にならないよう注意したほうがよいでしょう。

●ランタナ

花色の変化が楽しくボリュームが出るのでコンテナの手前に植え、切り戻しで花数を増やします。日当たりに置き、冬は霜に当てないようにします。

●ガーデンダリア

花色も形もバラエティー豊かで、コンパクトで育てやすいダリア。寄せ植えでは主役になります。真夏前に切り戻して秋に再び花を楽しみましょう。

●宿根《しゃっこん》バーベナ

日当たりを好むが、夏は風通しの良い半日陰に置き、水切れに注意します。ほふくタイプはコンテナの手前やハンギングバスケットで活躍します。

●フレンチマリーゴルド

夏と日当たりが大好きで丈夫な花。イエローガーデンの主役で、夏に切り戻して秋に再び開花させましょう。花がら摘みを忘れず、水切れにも注意。

●ディモルフォセカ

一年草ですがオステオスペルマムという宿根タイプもあります。どちらも丈夫で育てやすい。日当たりを好むが、夏の乾燥には注意しましょう。

●ペンタス

小さめのコンテナでは主木となり、花の少なくなる真夏に大活躍しますが、雨には直接当たらない所に置くとよいです。10℃あれば越冬できます。

●レースラベンダー

ラベンダーの中では暑さに強く育てやすい。初夏と秋の切り戻しで花期を長く楽しめます。寒さにやや弱いので、冬は北風から守ってあげましょう。

●ゼラニウム

丈夫で乾燥に強くハンギングバスケットやウインドーボックス向き。日当たりを好み0℃あれば越冬します。花がら摘みと切り戻しで長く楽しみます。

●コリウス

夏のカラーリーフの代表。半日陰で葉の形や色を楽しみます。花を咲かせないよう花芽を見つけたら摘み、こんもりした形に仕立てるとよいでしょう。

きんや先生のまじめな コラム⑧

ちょっとくわしい植物の話①—一年草

◎一年草って何?

一年草とは、タネをまいてから生長し、花を咲かせ、再び果実（タネ）をつくり枯れるまでが1年以内の植物のことをいいます。寒い冬の嫌いなタイプと、暑い夏の嫌いなタイプに分けられます。

それぞれの花たちは嫌いな季節をタネの形でやりすごそうと、限られた日数の中で、たくさんの花を咲かせて私たちを楽しませてくれます。

◎冬から春まで花咲くパンジー

では、夏が苦手なタイプとして、パンジーのライフサイクルを見てみましょう。秋にまいたタネは寒い季節に生長し、ふつう2月ごろに花を咲かせます。花の生産者は発芽の温度を調節して、花の咲く時期を早め、10月に花の咲いた苗を出荷しています。おかげで、さびしかった冬の玄関周りやベランダなどもにぎやかで明るい寄せ植えが楽しめるのです。

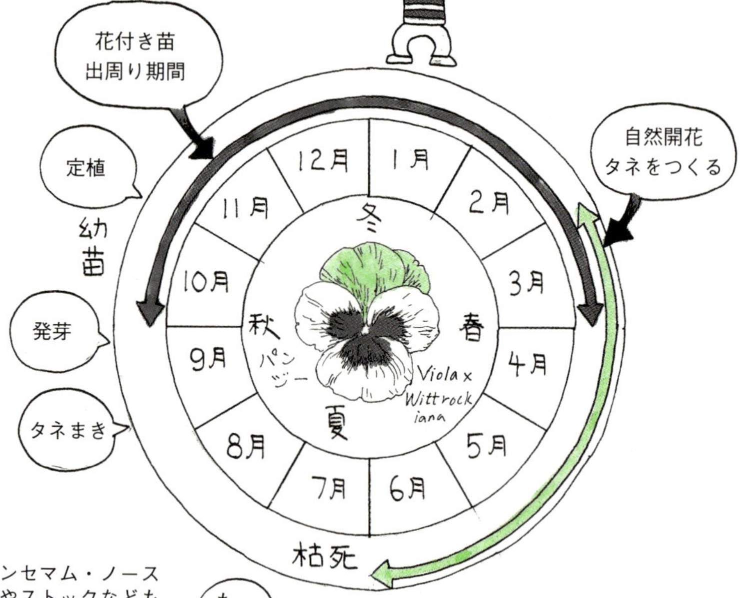

クリサンセマム・ノースポールやストックなどもこのタイプです。厳しい冬が終わり3月ごろから植え付けても、数ヵ月間十分に花が楽しめます。

涼しければ6月まで咲き続けるのですが、ゴールデンウイーク前後には夏向きの花と交換してあげましょう。

◎春から晩秋まで花咲くマリーゴールド

パンジーなどと正反対に、冬が苦手で秋までに花をたくさん咲かせて、タネをつくって枯れる一年草があります。公園や花壇でよく見かける花たちで、丈夫で育てやすく、失敗の少ない初心者向けの花です。夏の寄せ植えの主役として、宿根草やカラーリーフと上手にコーディネートを楽しみましょう。

強い霜や寒さに当てなければ、枯死せず冬を越せるペチュニアやインパチェンスなどもあります。こうした花は、原産地では宿根草として扱われています。ほかにベゴニア・センパフローレンス（地上部は枯れて根が冬越しする）、ニチニチソウ（常緑で冬越しする）などがあります。

寒〜
部屋に入れて
くれれば
なんとか…

下の図は、マリーゴールドのライフサイクルです。4月には花つき苗が出回りますが、自然開花はもう少し遅く、6月から11月までです。4月に買えば霜のあたる時期まで8ヵ月近く楽しむことができます。

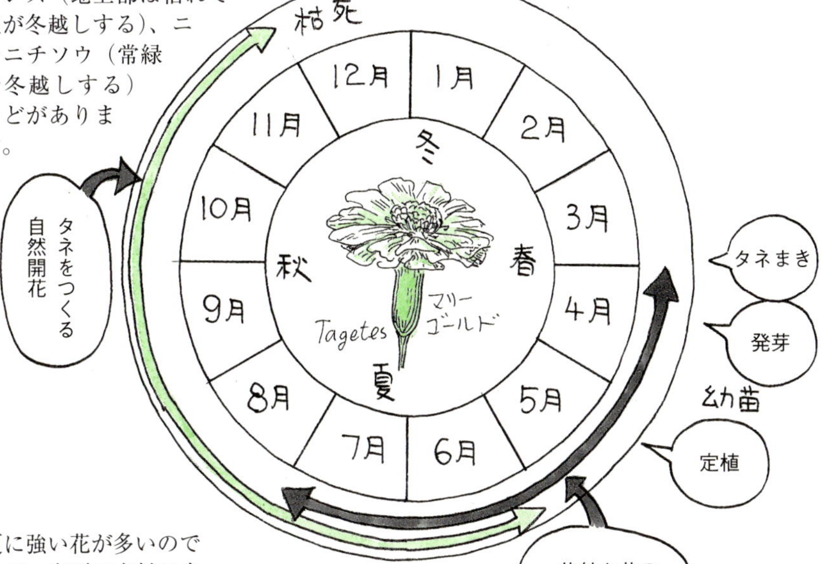

枯死
12月
1月
2月
3月
4月
5月
6月
7月
8月
9月
10月
11月
冬
春
夏
秋
マリーゴールド
Tagetes
タネまき
発芽
幼苗
定植
花付き苗の出周り期間
自然開花
タネをつくる

夏に強い花が多いのですが、真夏の直射日光はちょっと強すぎ。少し日よけをしてあげたり、切り戻しをすると、秋に再び花を咲かせてくれるでしょう。

夏に切り
戻しをして
くれたら、
もっとがん
ばるわ！

タネを取りたいなら、株を弱らせないように秋に行ないます。夏までは花がら摘みを繰り返して体力を維持させてください。

アゲラタム、センニチコウ、ケイトウなどがこのタイプです。

宿根草については82ページを見てね！

4. 主役と脇役を考えてデザインしよう

さ、まずは発泡スチロールを底に敷きましょう
軽いわ！これだけでも違うでしょうね！
ハイ！土を7分目まで入れて！
男だから力仕事というのはセクハラだぜ
培養土
この寄せ植えを飾る場所は決めましたか？
ベランダのコーナーよ！
日当たりも風通しもよさそうだね！見られるのは一つの方向だけだから、そのつもりでデザインしてみてください。
一番大きいコニファーから決めていこう。正面をちゃんと見つけてね
顔をこっちに向けるんだよ
わかってるわよ！
家族写真を撮るように並べてみるといいよ！
ママ
パパ
おじいちゃん
おばあちゃん
赤ちゃん
ペット
赤ちゃん
ハーイみんな、こっち向いて！
カシャッ

土はどこまで入れる？

鉢底石や、発泡スチロールは、コンテナ全体の2～3割程度が目安です。その上に、培養土が3～4cmの厚みになるように調節してみてください。

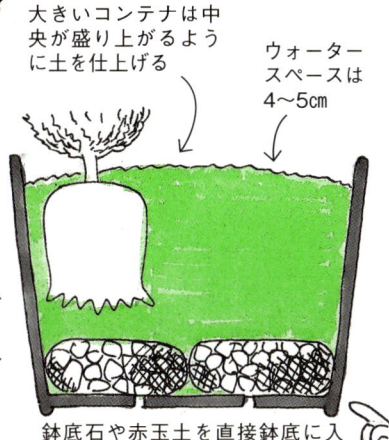

大きいコンテナは中央が盛り上がるように土を仕上げる
ウォータースペースは4～5cm
3～4cm

発泡スチロールは野菜ネットに入っているので、今回鉢底ネットはいりません

鉢底石や赤玉土を直接鉢底に入れる場合は、虫よけの鉢底ネットをしきます

主役と脇役を考えてデザインしよう

今回、コンテナの芯となる主木（シンボルツリー）のコニファーは、主木ではあっても主役ではない。夏を涼しく演出するためのブルーガーデンだから、あくまでも主役はラベンダー、ファリナセア、ペチュニアたちなどの青い花だよ！

主役の花は美しいけれどデリケート。花がら摘みなどこまめなお手入れをしてこそ、いつまでも美しさを保てるのね

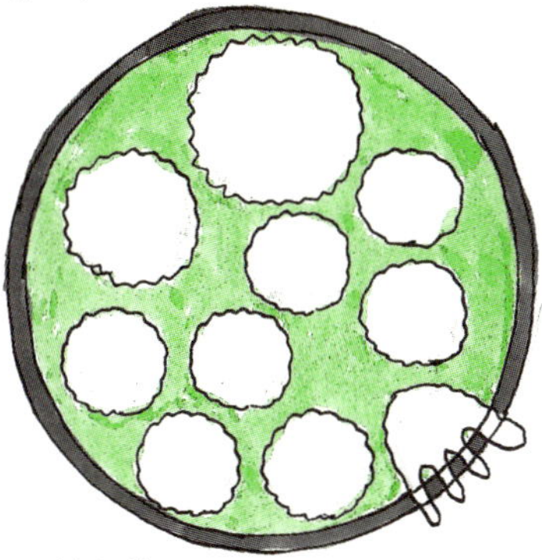

主木のコニファーはドラマの背景のようなもの。手前のカラーリーフ、ワイヤープランツは、ブルーの花を引き立てるための脇役ってところだね！

花が終わって植え替えるときは、青い花ならロベリア、ブルーデージー、イソトマ、ネメシアなどがあります。いろいろ試してみましょう

白い花も青い花をひきたてる脇役になります。白い花ならほかにもニチニチソウ、コクシネア、イベリスなどがありますよ

きんや先生のまじめな コラム⑨

ちょっとくわしい植物の話②—宿《しゅっ》根《こん》草《そう》

◎宿根草って何？

宿根草は、1年で枯れる一年草と違って、タネをつくったあとも枯れずに生き続ける植物です。嫌いな季節に葉などの地上部を枯らして、また快適な季節になるとふたたび生長をはじめるものもあります。

たとえば、冬の寒さでも葉を落とさないウィンターコスモスは、常緑宿根草です。

クリスマスローズは夏に活動を控え（休眠）、秋から元気になり、春に花を咲かせる常緑宿根草です。

セージやサルビアの仲間は冬になると地上部が枯れてしまいますが、根は生きていて春からふたたび生長してくる落葉タイプの宿根草です。

キク科のシュウメイギクも、夏過ぎから秋終わりまで咲き続けますが、冬になると地上部が枯れます。花が終わったところで、ひと回り大きなコンテナに植え替えてあげるとよいでしょう。

◎宿根草だけど「非耐寒性」

おなじ常緑の宿根草でも寒さに弱い「非耐寒性」の花たちがあります。こうした花は、冬は寄せ植えから外し、単独のコンテナに植え替え、霜の当たらないところで育てたほうがよいでしょう。

たとえばゼラニウム。霜の当たらないところでは遅くまで花が咲き続けます。

ペンタスやランタナも寒さにはやや弱いのですが、常緑の宿根草や低木に分類されます。霜のない地方では、移動させなくても大丈夫。

ちょっとくわしい植物の話③—球根

チューリップなどでおなじみの球根植物は、土のなかで子どもを増やしながら、花の咲き終わった後地上部を枯らし、真夏や真冬など嫌いな季節を球根ですごします。最近では、開花させた鉢や芽出しさせた鉢もお店に並ぶので、気軽に寄せ植えのメンバーに加えてみてはいかがですか？夏の嫌いな種類を秋植え球根、冬の嫌いな種類を春植え球根と呼びます。

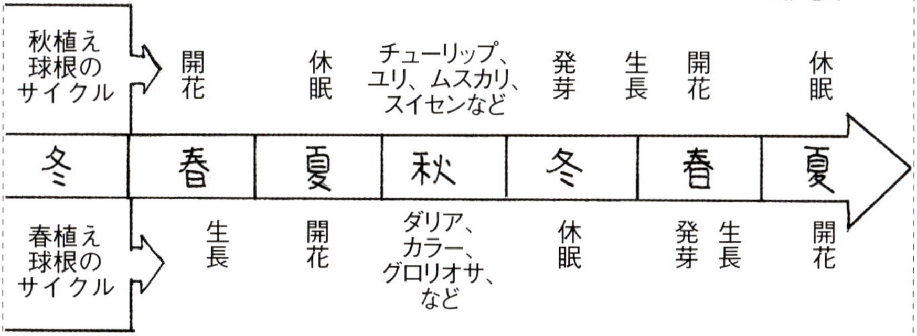
秋植え球根のサイクル
開花
休眠
チューリップ、ユリ、ムスカリ、スイセンなど
発芽
生長
開花
休眠
冬
春
夏
秋
冬
春
夏
春植え球根のサイクル
生長
開花
ダリア、カラー、グロリオサ、など
休眠
発芽
生長
開花

◎開花鉢

ガーデンシクラメンやガーデンダリアのようにコンパクトで丈夫な球根植物が、開花した状態で販売されます。花期も長く、寄せ植えの主役として大活躍します。1月に入るとスイセンはもちろん、チューリップの開花鉢も出回ります。15cmくらいの鉢に4～5球入っているので、バラバラにならないように注意して扱い、根をほぐさず深めにそっと植えます。冬は花が長持ちし、ひと足早い春が楽しめます。

◎芽だし球根

クロッカス、ムスカリ、スノードロップ、ヒヤシンスなどは、ほんの少し芽を出させた状態のものが1月にはお店に並ぶようになりました。秋に植え忘れてもこれを使えば春までに十分間に合います。寄せ植えのビオラとスイートアリッサムの間にムスカリを植えておくと、春のそろそろビオラに飽きてきたコンテナに思わぬ変化を与えてくれるでしょう。一年草の感覚で気軽に寄せ植えに使ってみてはいかがですか？

5. コニファーは根を切らずに植えよう

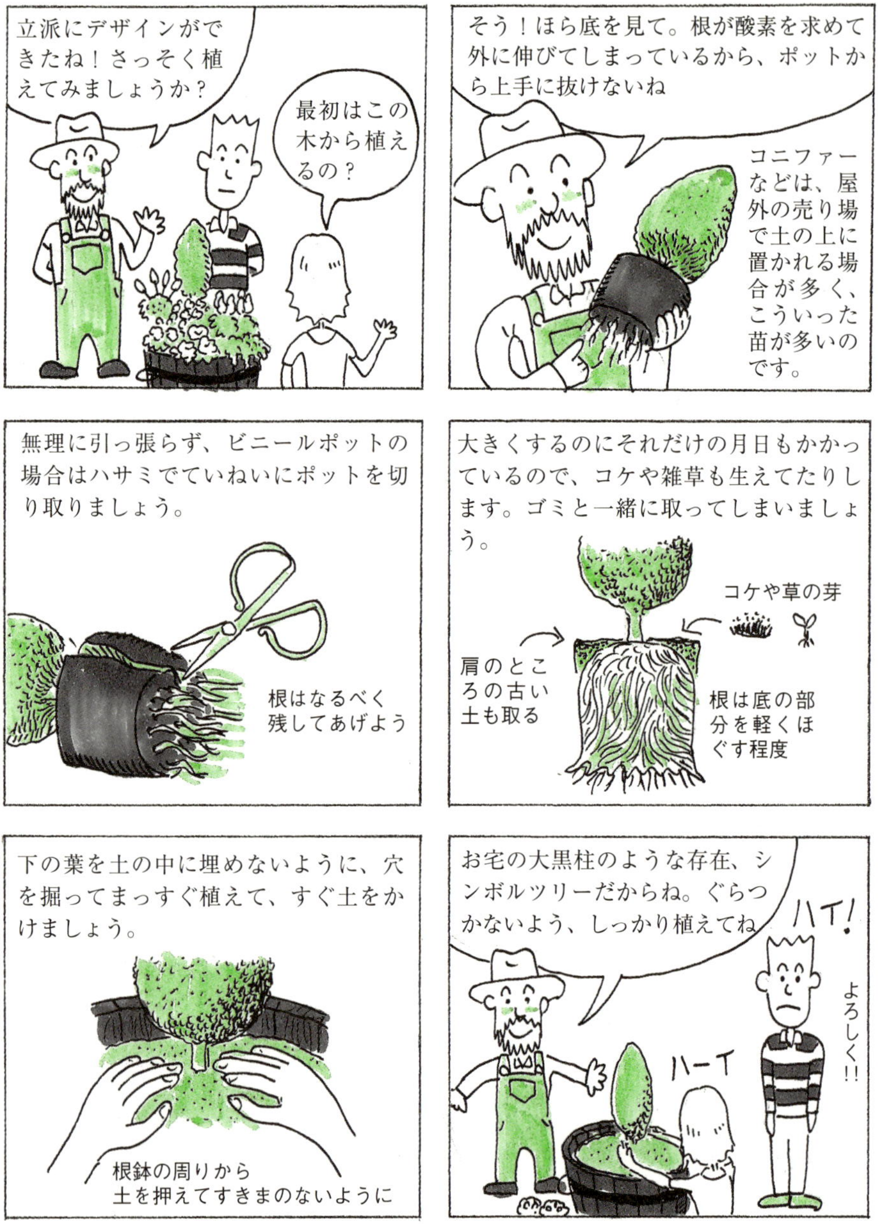
立派にデザインができたね！さっそく植えてみましょうか？
最初はこの木から植えるの？
そう！ほら底を見て。根が酸素を求めて外に伸びてしまっているから、ポットから上手に抜けないね
コニファーなどは、屋外の売り場で土の上に置かれる場合が多く、こういった苗が多いのです。
無理に引っ張らず、ビニールポットの場合はハサミでていねいにポットを切り取りましょう。
根はなるべく残してあげよう
大きくするのにそれだけの月日もかかっているので、コケや雑草も生えてたりします。ゴミと一緒に取ってしまいましょう。
コケや草の芽
肩のところの古い土も取る
根は底の部分を軽くほぐす程度
下の葉を土の中に埋めないように、穴を掘ってまっすぐ植えて、すぐ土をかけましょう。
根鉢の周りから土を押えてすきまのないように
お宅の大黒柱のような存在、シンボルツリーだからね。ぐらつかないよう、しっかり植えてね
ハイ！
よろしく!!
ハーイ

寄せ植えに使いたい樹木

■コニファーを寄せ植えに使おう

コニファーとは、針葉樹の総称です。せん定しなくても美しい樹形を保ちます。ベランダや庭での利点は秋の落葉の心配がないこと。近所迷惑になりませんね！

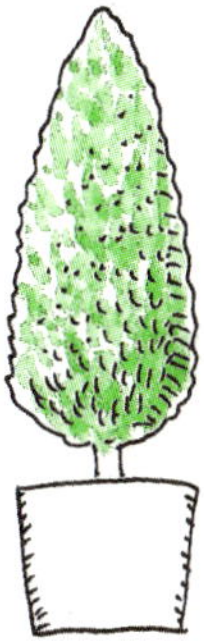

■洋風に演出するなら青系がおすすめ

ブルーアイス、ブルーヘブン、シルバースター（エルウッディ）やウィチタブルーなどがあり人気があります。明るい場所で育てるとより一層、葉色が美しくなります。

■緑系でベーシックに

カナダトウヒのコニカや、ビャクシン属のスパルタン、ゴッホの絵に出てくるようなイタリアンサイプレスなど種類豊富。コニファーは10mを越す種も多いので、適時せん定や芯止めをして、背を抑えておきましょう。

■明るくあざやかな黄色系

一番人気のゴールドクレストやスワンスゴールデン、ヨーロッパゴールド、サンキストなどがあります。黄色系のコニファーは日当たりを好むものが多く、日陰では美しい葉色が出なくなる場合があります。

■おすすめの常緑樹

寄せ植えで長く主木として楽しむなら、丈夫でやはり秋の落ち葉のない常緑樹が最適です。果実や花はもちろんハーブとして利用できるのも楽しいですね。

オリーブ

やや寒さに弱く、暖地向き。実付きのよい品種もある

ミモザ

早春の黄色い花は美しい。花後はせん定してコンパクトにします

お掃除がラクなのはいいわね！

コルディリネ

ブロンズの葉が美しく、英国風の寄せ植えには欠かせない

ゲッケイジュ

ローリエと呼ばれる。乾燥葉をお料理にどうぞ

6. 順番に植え付けていきましょう

大黒柱の横はこのレースラベンダーだね。いい香りだ！
そうよ。大事にしてね！ちゃんと手入れしてから渡してね
わかってますよ！コケや雑草の芽もゴミも取ってと…下のほうの枯れた葉も取ってしまえばいいんだろ。めんどくさいねー
ありゃー！花が折れて取れちゃったーどうしよう？
グヘ
おこられちゃう！
ハ…ハイ！
ラベンダーはまだなの？早くしてよ!!
おっ長いところを切り戻ししたのかな？いいね。もったいないから後でコップに挿しといて！
ま、まーね！次はこれだよ
あとはこの葉っぱだけだよ。植えるの早いね
わが家の庭なんだから、仕上げはあなたがしてちょうだいね！

カラーリーフプランツはおもしろい!

葉の色や形のバリエーションを楽しむカラーリーフも、寄せ植えでは花の引き立て役です。でも、この脇役しだいで仕上がりが全然変わる！上手に使いましょう。

アサギリソウ
シルバーリーフが代表。涼しさを演出するにはぴったりです

ヘリクリサム・オーレア
キクの仲間。銀葉もあるが黄色が美しい。1mくらい伸びる。常緑で木のようになります

ベアグラス
とても丈夫。ススキ形のカラーリーフも使いましょう

コリウス
夏のカラーリーフの代表。とても種類が多く、半日陰くらいで育てたほうが葉色が美しく出ます

ヒューケラ
ブロンズ色やオレンジ色など、葉色が楽しく、寒さにも強く丈夫で育てやすい。花も楽しめます

アイビー
暑さ寒さに強く、地面に這ったり壁を上ったりする。5～8mに伸びるものもある。壁面を傷めるので建物に直接はわせないほうがいい

イポメア
観葉植物でサツマイモの仲間。黒色に近いブロンズのタイプに人気があります

ハツユキカズラ
白い斑と赤と緑の葉が美しい。つるは60cmほど伸びます。切り戻しをして新葉を楽しみます

グレコマ
とても丈夫なクリーパー(ほふく性植物)。茎が1mも伸びて、ほったらかしでもよく広がります

ワイヤープランツ
寒さにも強いが、観葉植物として室内でもよい

ほふく性コニファー
ブルーカーペットやブルーパシフィックなどがあります。丈夫で3mほど伸びます

カラーリーフといっても植物ですから花も咲きます。ヒューケラは美しい花を咲かせます。コリウスは花を咲かせないように摘芯したほうが長く楽しめます。

7. 土の点検をして水をあげましょう

ちゃんとできたようだね。土のチェックは終わりましたか？
ハァー、もう手を洗っちゃったんだけど…？
このコンテナには軽くするために発泡スチロールを入れているね？そのスキマに土が後から入っていくんだ。水やりで土
が減ってしまう可能性があるから、土の量はちゃんとチェックしておこうね。
ハイハイ、わかりましたよー
また土にさわるのかい、汚れちゃうじゃん
OKだよっ!!
大丈夫だった？
ごくろうさま！じゃ次はコレ、水ゴケだよ
水ゴケ？なんですかそれ
これはね、天然の水ゴケ。いい香りだ。このスポンジのようなコケに水を吸わせて土にかぶせれば保水もしてくれるし、上に広げて土をカバーすると、熱風や乾燥から　花を守ってくれる
ん〜〜
い〜ね
水ゴケは乾燥させて圧縮させられてあるから、バケツにふた握りほどちぎって入れて、水をたっぷり入れてやろう。みるみるふくらんでくるよ！
ムクムク

ギュッと握って水をしぼるんだね。おっ何か気持ちイイ
けっこう量が増えるのね。乾物みたいだわ
ギュ〜
少しずつ土の上に広げよう。根元をしっかり包むように3cmくらいは厚みがほしいね！
葉を埋めてしまわないようにね。
ギラギラ
強い光や風が当たって温度が上がったり乾燥するのを、水ゴケは防いでくれる。水やりも少しはラクになるよ。
あついよー!!
いいね〜ラクできるってことは大歓迎だね
安心しないで！いいことばかりでもないんだよ
水ゴケなどを使って土をカバーするのを**マルチング**と言いますが、マルチングの欠点は土の様子が見えないことです。
そうか、土の表面が乾いているかどうかわかんないね…
乾き具合は目では確認できないから、ちゃんと指を入れて土にさわって確かめるんだよ！
お〜？知らないうちに手がきれいになってる！
ピカ
ピカ
聞いてる？

8. 暑さをやわらげる工夫をしましょう

ギラ ギラ
人間もつらいけど、植物にとってもしんどい季節だ。
水ゴケでマルチングしても、やっぱり日本の夏は暑い。
なーに、そんな夏はやっぱりビールビール！ぐーっとやれば涼しくなるって！ガハハハハ
ガハ
コンクリートの床面の熱だけでなく、白い壁などからの照り返しが、コンテナの温度を上げてしまいます。
下を風が通るようにね！
壁から少し離し、コンテナもレンガなどでゲタを履かせるだけで、土の温度上昇を抑えることができます。
ヨイショ
ハ～イ！
葉などの地上部より、根のところ、つまり土の温度が上がらないように注意しましょう。根を守ってあげてください
まあまあ
なんでわたしたちが頑張ってるのに自分ばっかり飲んでるの！
ゴメン気を付けマス…

光と熱からコンテナを守る

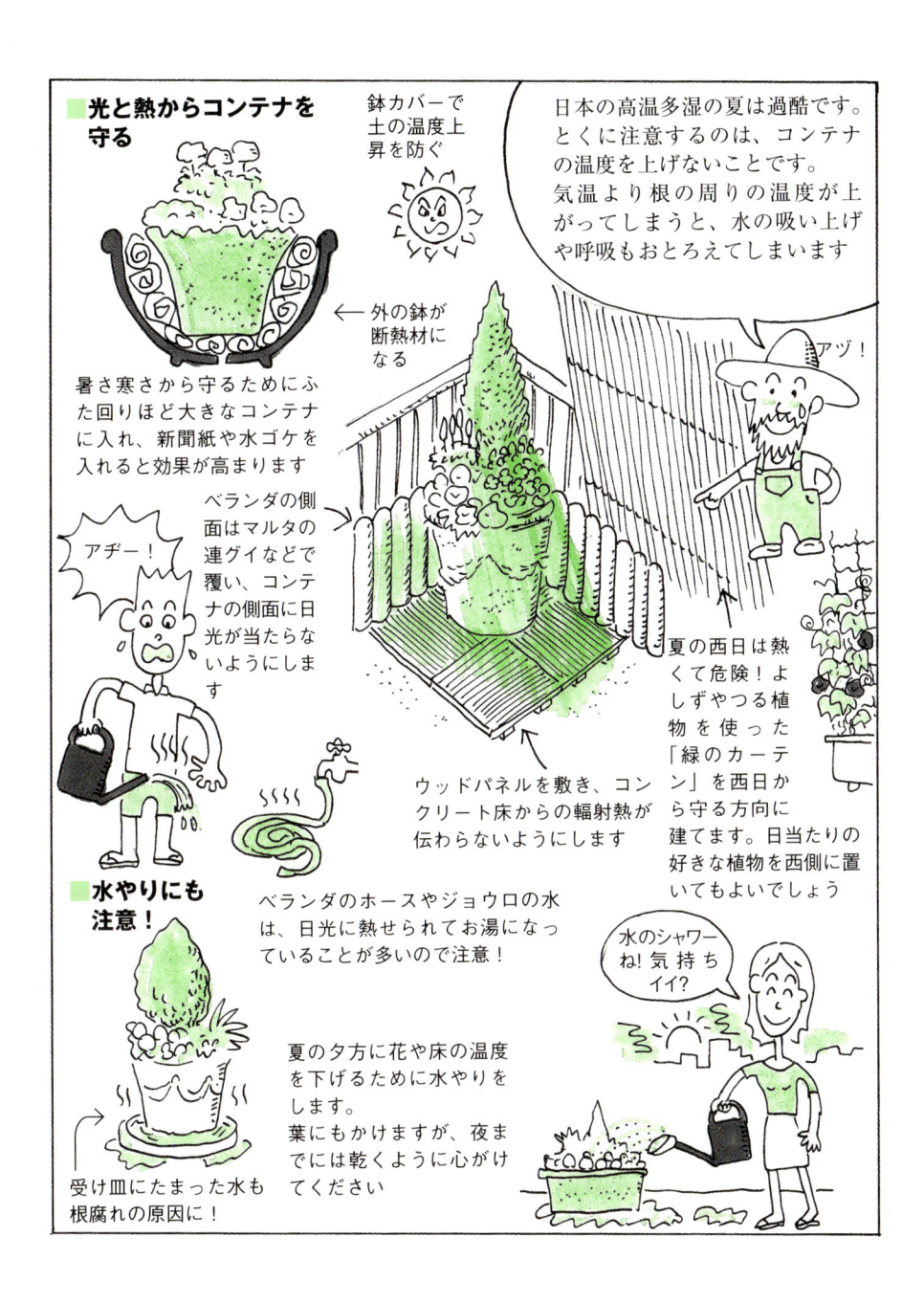

外の鉢が断熱材になる

暑さ寒さから守るためにふた回りほど大きなコンテナに入れ、新聞紙や水ゴケを入れると効果が高まります

鉢カバーで土の温度上昇を防ぐ

日本の高温多湿の夏は過酷です。とくに注意するのは、コンテナの温度を上げないことです。
気温より根の周りの温度が上がってしまうと、水の吸い上げや呼吸もおとろえてしまいます

ベランダの側面はマルタの連グイなどで覆い、コンテナの側面に日光が当たらないようにします

ウッドパネルを敷き、コンクリート床からの輻射熱が伝わらないようにします

夏の西日は熱くて危険！よしずやつる植物を使った「緑のカーテン」を西日から守る方向に建てます。日当たりの好きな植物を西側に置いてもよいでしょう

ベランダのホースやジョウロの水は、日光に熱せられてお湯になっていることが多いので注意！

水やりにも注意！

受け皿にたまった水も根腐れの原因に！

夏の夕方に花や床の温度を下げるために水やりをします。
葉にもかけますが、夜までには乾くように心がけてください

水のシャワーね! 気持ちイイ?

9. 旅行中の水やりと台風対策

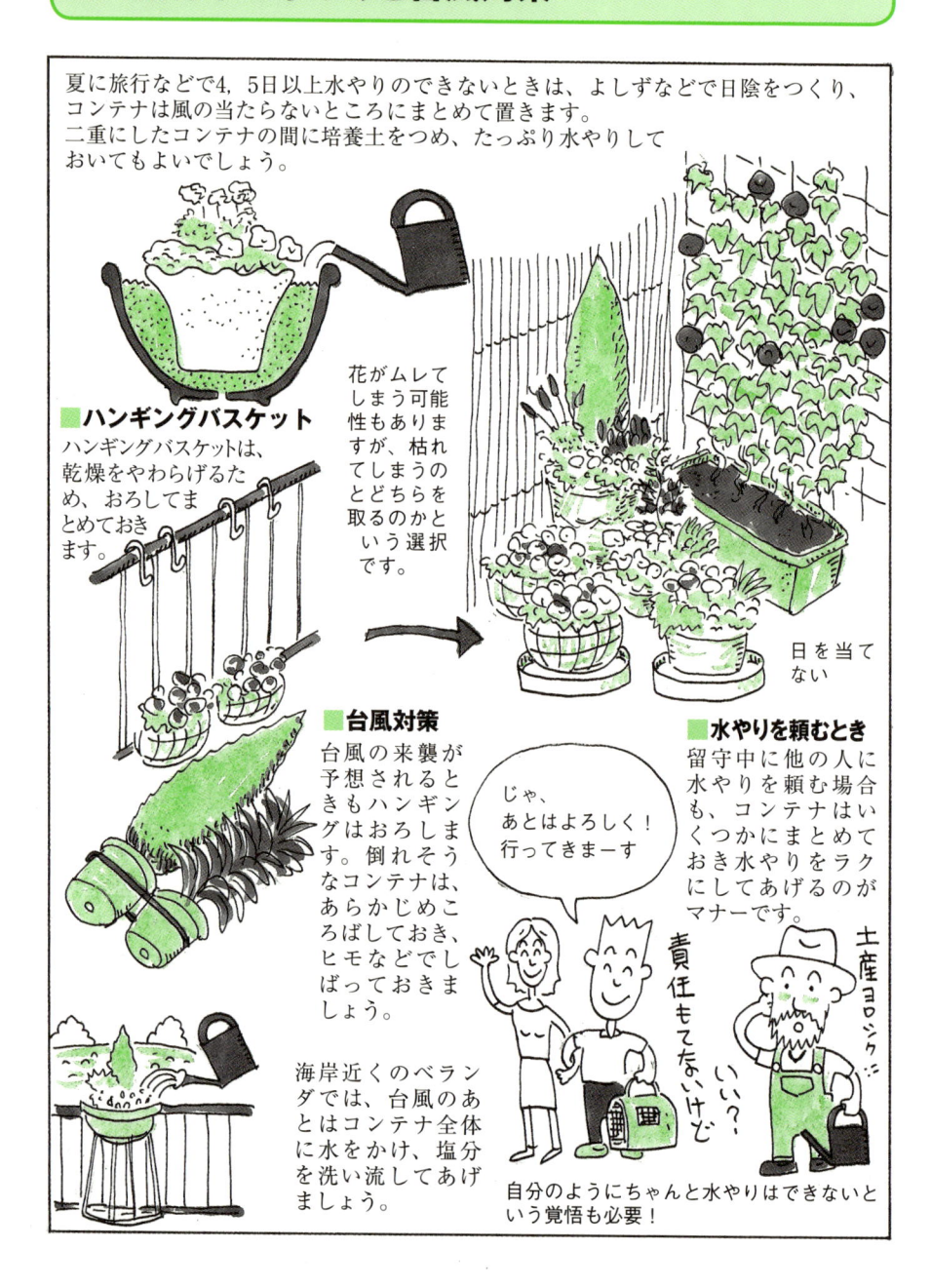

夏に旅行などで4，5日以上水やりのできないときは、よしずなどで日陰をつくり、コンテナは風の当たらないところにまとめて置きます。
二重にしたコンテナの間に培養土をつめ、たっぷり水やりしておいてもよいでしょう。

■ハンギングバスケット

ハンギングバスケットは、乾燥をやわらげるため、おろしてまとめておきます。

花がムレてしまう可能性もありますが、枯れてしまうのとどちらを取るのかという選択です。

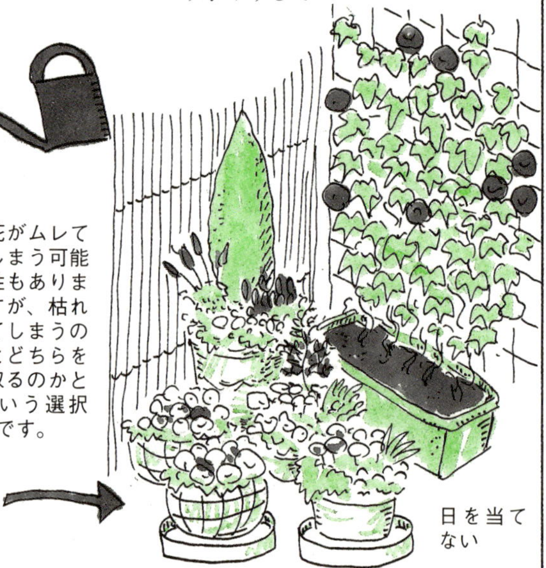
日を当てない

■台風対策

台風の来襲が予想されるときもハンギングはおろします。倒れそうなコンテナは、あらかじめころばしておき、ヒモなどでしばっておきましょう。

海岸近くのベランダでは、台風のあとはコンテナ全体に水をかけ、塩分を洗い流してあげましょう。

■水やりを頼むとき

留守中に他の人に水やりを頼む場合も、コンテナはいくつかにまとめておき水やりをラクにしてあげるのがマナーです。

じゃ、
あとはよろしく！
行ってきまーす
責任もてないけど
いい？
土産ヨロシク!!

自分のようにちゃんと水やりはできないという覚悟も必要！

きんや先生のまじめな コラム⑪

ちょっとくわしいデザインの話①──季節と色

◎寄せ植えは種類より色がポイント

寄せ植えはなんといってもカラーコーディネートが楽しみです。色が統一されたコンテナは美しく、人目をひきます。自然開花を先取りしてお店に並ぶ花苗は季節感を失わせがちですが、種類にこだわらずその季節らしい色で統一すると、ぐんと季節感が演出できます。

経済的なことを考えると、これから長持ちする花ばかりを選ぶほうがかしこいでしょう。でも、ときにはデザインにこだわって花選びをするのもおもしろいですよ。たとえ花期があと1～2ヵ月しかない場合でも、100円くらいで2ヵ月楽しめると思ったら安いものです。

早春からのイエローガーデン	春一番はおめでたく、金運も上がりそうなイエローガーデンで、玄関先を飾りましょう。黄色い花は香りもよく、明るい春を演出します。夏はマリーゴールド、10月に入ればパンジーと、春以外も一年中黄色い花は途切れることはありません。	**春先から** パンジー、ビオラ、プリムラ・ポリアンサ、リナリア、キンギョソウ、ユリオプスデージーなど	→ **初夏から** マリーゴールド、ランタナ、ガーデンダリア、ペチュニア、コリウスなど、秋はウィンターコスモスも
春のまっさかりはピンクガーデン	百花繚乱の春は、さまざまな色を使った寄せ植えができます。そのなかでも、やはり明るいピンクはみんなに人気があり、あたたかい春を演出できます。	**春から** プリムラ・マラコイデス、プリムラ・ポリアンサ、ストック、キンギョソウ、ベゴニア・センパフローレンスほか	→ **初夏から** サルビア・コクシネア、ペンタス、ゼラニウム、インパチェンス　秋からガーデンシクラメン、ビオラなど
夏は涼しくブルーガーデン	いかにも夏らしく黄色やオレンジでもよいのですが、暑苦しく感じることもあるので、涼しげなブルーの花で目を癒しましょう。白を混ぜると上品に仕上がります。	**初夏から** サルビア･ファリナセア、ペチュニア、ロベリア、アゲラタム、トレニア、ブルーデージーほか。	→ **秋から** パンジー、ビオラ、リナリア、レースラベンダー、バコパほか **冬から** プリムラ・ポリアンサ、ハボタンなどに
収穫の秋はレッドガーデン	実りの秋はなんといっても赤色で飾ります。和風の寄せ植えになりがちですが、実のなっているムラサキシキブやピラカンサなども一緒に植えるとさらに秋らしく楽しい寄せ植えになるでしょう。	**夏から** サルビア･スプレンデンス、コスモス、ゼラニウム、ランタナ、ナデシコ、バーベナ、ペンタスほか	→ **秋から** ガーデンシクラメン、パンジー、ビオラ、プリムラ･ポリアンサ、ストック、キンギョソウ、春からデージーなど

ちょっとくわしいマナーの話

◎マナーを守ろう

ガーデニングの目的は、植物を介して皆と仲良くなること。いくら花が好きでも、自分勝手で他の人に迷惑をかけるようなことをしてはいけませんよ！

◎害虫や病気を広げない

自分の植えたものが病気や虫にひどくかかったら、早めに処置しましょう。処分するか、安全な農薬の力を借りましょう。

困るわ〜!!

まず、安全第一。手すりの上に鉢を置かないこと

避難口や共有の場所、公道にはコンテナなどを置かないこと

避難ツゴ

水が下の階に落ちて洗濯物にかかったりしないようにしてね

◎農薬は飛散しないように

ベランダで農薬を散布するときは、風のない日を選ぶかビニール袋などで花全体を囲って薬が飛散しないようにしてください。

◎落ち葉などの飛散にも注意

落葉するタイプの木や宿根草も落ち葉が迷惑にならないよう、こまめに掃除しましょう。雑草もタネが飛散する前に処分します。

ヒヒヒ

誰？
あなた！

◎野生の花は大切に

もっとも悪いのは自然の植物や人の花を盗むこと。花を愛する資格はありません。また園芸種を自然に戻すのも、自然の生態系を変えてしまうことになるのでやめましょう。

PART 4

秋から春まで楽しめる寄せ植えをつくろう

植え付けに向いている時期　10～12月

緑山家ガーデニング物語　第４話

冬こそ寄せ植えだ!

だいぶ涼しくなってきたわ。秋本番って感じね？
寂しい冬がやってくるんだなぁ。寒いの嫌いだ
寂しいっていえば、うちのベランダだわ。リビングからの眺めが寂しいのよね
もうひとつくらい寄せ植えしてみたいけど、これから育てられる花ってあるのかしらね
すぐ冬がくるんだぜ。無理じゃないの？
ウ〜
ウワッびっくりした！先生だ
ウォー相変わらず突然出てくるな
それが冬でもガーデニングするんだよね。やぁ、元気だった？
ワン
外に花が少ない冬こそ、部屋からの眺めだけでも花いっぱいで明るくしたいよね！プラスチックのプランターを何個か並べて寄せ植えをつくると、とってもにぎやかできれいなベランダになるよ。
ペロ
ペロ
そうね。プラスチックだと2～3個買っても安いわね。お花もたくさん植えられそう
でもさー、安っぽいのはごめんだぜ

プラスチック製でも肉厚で高級感のあるタイプのものを使ってみよう。ちょっと高くなるけど、丈夫で長持ちするよ。仲良く1個ずつつくってみようか？
10月には、春までの長い間飾れる花がいっぱいお店に並ぶよ！
へー、今から植えて、春まで咲く花があるんですか
でもさぁ、秋から春までっていっても間に冬があるんだぜ！寒くて死んでしまうんじゃないの？
そう、けっこうあるんだよ……
冬でも楽しめる花もいっぱいあるんだよ！パンジーやビオラはその代表だね。寒さに強くて逆に暑さに弱い花だ。でも涼しい地方なら6月ごろまで咲き続けるよ
パンジー
ビオラ
すごいわね。6月までだって
今が10月だろ？11、12… 6月までだと9ヵ月間だぜ！すごいね、そりゃいいわ
寄せ植え1個2000円でつくったとしても、9ヵ月で割ると1月222円！1日当たりだと…えーと、とにかく安い！決定！やろ！
ビオラばっかりじゃないけど……
君が花を枯らさなければ！だろ？

1. 何個並べるかでデザインは変わる

この横長のプランターは、外でも何個か並べて飾られる場合が多いですね。
同じものが並んでるのをよく見るなあ
そう、同じ寄せ植えをただ並べるだけじゃつまらない！でも、1個1個はあまり複雑につくらないほうがきれいに見えるんだ
エ？
どういうこと?
花の種類を多く複雑につくっても、遠くから見るとごちゃごちゃに見えるだけで、よさが伝わらない。
ひとつひとつは美しいが見栄えがしない
同種の花を近くに植えて1個のコンテナに入る種類を減らすと、遠くからみてもきれいに見える。
数が増えるほど1個1個は単純なデザインにする。コンテナ3個でひとつのデザインと考える
横長タイプを2つつくるときは、つい左右対称にしがち。きっちりしてるけど、お仏壇に飾るみたいにつまらなくなるから注意してね。
少しバランスをくずして遊び心を入れてみたほうが楽しくおしゃれになる。ガーデニングは楽しくなくっちゃね。
主木をセンターからずらす
テーマは同じでもデザインを変える

■左右対称はつまらない

横長プランターは、主木を中央に置いてしまうと、どうしても左右対称（シンメトリー）になってしまい、堅苦しいデザインになります。
まず主木の位置を左右どちらかにずらして、非対称（アシンメトリー）にしたほうがおしゃれになります。

1個のとき
仏壇みたい
少しくずす

■2個でひとつのデザイン

2個並べるときは、2個で1組のデザインとなるよう心がけます。中央を少し高くして、小山のようにデザイン。左右のプランターで花の種類はそろえても、各花の配置を替えたほうが楽しい作品になります。

山にする
お互い似ているが
ふたごではない

パステルカラーやシックな色は手前に、ビビッドな色は後列に置くと美しく見える。

■数が増えたら色減らせ

プランターの数が増えるほど、1個のプランターに入れる花の種類を減らしましょう。遠くから見ても色のまとまりがはっきりとわかり、見栄えがします。プランターが5個以上になったら、前列と後列とで花色を1種類ずつにして、花色をビビ ットにするときれい。

山にする
同じ衣装でも
中央が主役の
イメージ

同じ花どうしをプランターごしに近いところに配置すると、プランターがバラバラに見えません

ポイントに同色の花のかたまりをつくり、全体の主役とします

2. 秋から楽しめる花&カラーリーフプランツ22種

秋から出回る花も、意外とカラフルでバリエーション豊富です。冬の間はひとつの花が驚くほど長持ちします。また、ここで紹介するカラーリーフプランツは1年中使え、どんな花にも合うすぐれものばかりです（写真は10～11ページ）。

秋から楽しめる花

●ユリオプスデージー

花も銀色の葉も楽しめる寄せ植えの主役です。花後に切り戻しをして春と秋に花を楽しみましょう。－5℃くらいまで耐え、越冬することができます。

●プリムラ・ポリアンサ

背丈は20cm位。大輪で八重咲きなど種類が多く、コンテナの手前で賑やかに寄せ植えを彩りましょう。花期が長く、花がら摘みはこまめに行ないます。

●プリムラ・マラコイデス

コンテナの後方で主役となります。寒さに強い品種もあり、日当たりに置き早春までの寄せ植えで楽しみます。花がら摘みをこまめに行ないましょう。

●パンジー／ビオラ

秋から春のコンテナガーデンの主役。品種も多くこれだけでカラーコーディネートを楽しめます。タネをつくらないよう、こまめに花がらは摘みます。

●バコパ

白や薄紫の小さな花が美しく、こまめな摘芯と切り戻しをすると花数も増え周年花を楽しめます。夏の過湿には注意しましょう。

●ロベリア

初夏から冬までと花期は長いが高温多湿に弱いので、秋からの寄せ植えに適しています。コンテナの手前向きのほふくタイプもあります。

●ブルーデージー

秋から苗が出回る丈夫な花。5℃位の寒さなら耐えるので冬～春にプリムラ類と組み合わせると楽しいでしょう。葉に斑が入った品種もあります。

●ウインターコスモス

コンテナの後方向きで、寒さに強く常緑で美しい黄色の花がひときわ目立ちます。花後は別の鉢に植え替えし、切り戻しをしておくとよいでしょう。

●コスモス

花付きで高さ30cm位の苗も出回るので秋を演出するコンテナにぴったりです。日当たりのよい所に置き、背が高くなったら支柱を立ててあげます。

●デージー

いわゆるヒナギクで寒さに強く日当たりで楽しみます。背丈は15cm位と低めなのでコンテナの手前に植えます。春はアブラムシに注意しましょう。

●クリサンセマム・ノースポール

シュンギクに似た葉に白い小花が沢山咲きます。寒さに強く中段でパンジーなどの引き立て役になります。切り戻しをして6月頃まで咲かせましょう。

●ストック

一重と八重咲きがあり、摘芯で花茎を増やしボリュームを出します。寒さに強く、冬の寄せ植えの主役です。背の高い切り花品種もあります。

●リナリア（ヒメキンギョソウ）

細い茎に金魚草に似た小さな花をたくさん咲かせます。花色も優しくコンテナの中央や後方で主役になる花です。日当たりのよい所に飾りましょう。

●ガーデンシクラメン

寒さに強くコンパクトなシクラメンで、パンジー中心になりがちな冬の寄せ植えに彩りを与えてくれます。花がらは柄ごとひねってていねいに摘みます。

●ハボタン

寄せ植えには小型のタイプが使いやすいでしょう。グラつかないようにしっかり植えます。パンジーやプリムラの脇役として大活躍してくれます。

周年楽しむカラーリーフプランツ

●ハツユキカズラ

新しい葉は白と赤のコントラスト模様になり美しい。冬には紅葉するが寒さには強いつる性の植物です。単体で飾ってもきれい。

●アイビー

コンテナの手前から下にはわせて使います。丈夫なカラーリーフの代表で他の花を引き立てます。種類も多くいろいろ集めてみるのも楽しいでしょう。

●アサギリソウ

細い切れ込みのある銀葉が美しく人気があります。夏は高温多湿に注意し風通しの良い半日陰の所に置くとよいでしょう。背は60cmほどになります。

●ヘリクリサム

フェルトのような葉が美しく、とくにライム色に人気があります。茎は1mにもなるのでコンテナの手前に植えて、時々切り戻しをするとよいでしょう。

●シロタエギク

脇役としてのカラーリーフの代表です。丈夫で育てやすいが夏は風通しのよい所で育てましょう。寒さが強くなければ越冬し宿根草のようになります。

●ワイヤープランツ

観葉植物のような常緑の植物です。大きく伸びてきたら掘り上げて単独でコンテナに植え、室内植物としても楽しむことができます。

●シルバースター

ゴールドクレストに代わる寄せ植えの主木となるコニファーです。銀色の葉はどんな色の花にも合い上品に仕上がります。夏の多湿に注意しましょう。

3. 土を入れて順番に植えましょう

寒い冬を越して春まで楽しめる花を選んでみたよ。
主役はガーデンシクラメン。明るくピンク色がテーマです
シルバーレース
ハツユキカズラ
イベリス（白）
リナリア（ピンク）
ガーデンシクラメン（赤）
ビオラ（赤）
ストック（ピンク）
この厚手のプランターは、底がネット状で水はけがいいから発泡スチロールはいらなさそうだね。培養土を直接入れよう
ハ〜イ！
7分目まで培養土を入れていいんだよね？
そうそう、それから苗をポットのまま並べてデザインしよう
ベランダからながめるから、今回は一方向からしか見られないね。背の高い花は後ろ、低い花は手前に。正面も忘れずにね。

プランター2個でひとつのデザインにします。左右対称にならないよう、少しくずします。後列のストックとリナリアは、2ポットずつ並べて植えますが、手前の花は不規則に並べます。同じ花で色を変えてもよいでしょう。

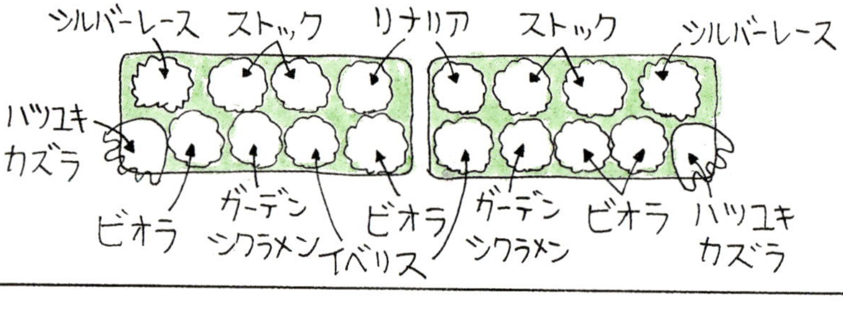
シルバーレース
ストック
リナリア
ストック
シルバーレース
ハツユキカズラ
ビオラ
ガーデンシクラメン
イベリス
ビオラ
ガーデンシクラメン
ビオラ
ハツユキカズラ

1個ずつ植えられるなんて楽しいわね。私はこっちがいいわ!
よーし、おれはこっちにしよう。どっちがうまくつくるか競争だぜ!
ちゃんと植えてね!やさしくやるのよ。根は軽くほぐすのよ。わかってる?
わかってるよおれだって!白い根がからんでいたらほぐすんだろ?大丈夫さ!
これはストックね?ホントきれいねえ。やさしい香りがするわ
なんかさ、お前のほうが花がいっぱい咲いてないか?おれのほうが小さくないかな
根鉢分の穴を掘って、根を軽くほぐしたストックを後方の中央に植えます。となりに次の穴を掘り、その土をストックの根鉢にかけ、ぐらつかないよう、軽く上から押さえます。正面を手前に向けることを忘れないでね!
ウォータースペースは、鉢縁から指2本分をしっかり確保してください。あとは最初のストックの左側、右側と交互に植えていきます。手前の列も中央から植え、最後はハツユキカズラを前から見て土が見えないように前に傾けて植えましょう。
ま、仲よくやってください。それぞれの花が正面をきちんと向いていれば、花の多少はあまり気にならないよ。花がら摘みが早くなるか遅くなるかくらいの違いなんだから
フ〜ん?
やっぱりそっちが咲いてる!

4. 冬の管理のポイント

こんなにきれいにできちゃったわ！大事にしないとね
冬になったらウチは5階で風も強いし、ベランダは寒いよなー
センセイ、冬になったら家の中に置いてやったほうがいいよね？
んー、気持ちはわからないでもないけど、今日の花はみんな外で育てる花たちなんだよ
室内だと暖かいけど、日光不足や風通しが悪かったりで、ひょろっと徒長して花もなくなってしまうよ。とくに寒い日だけにしよう
そうですかぁ？
天気予報に注意しておかないといけないわね。冬の水やりも今と同じでいいの？
冬は乾燥気味に育てよう。葉からの蒸散が少ないから、土が乾いていても夏みたいにしおれないよ。場所によるけど、大きめのコンテナなら5～6日に1回かな？
暖かい日を選んでやってね！
へえー、ずいぶんラクになるわね。助かるわ
4～5日のスキー旅行なら、あまり心配せず行けそうだね！

北風

冷たい水に注意！

冬の水やりは、午前中が基本。それもあったかい日の10～11時ごろがベスト。気温の低い早朝は、根を傷めることもあるので避けてください。

土にさわって乾いていて、「そろそろ水やりだな」と思った日の2日後くらいでもいい。

朝早くしか水やりのできない家庭は、15～25℃の冷たくない水をやります。

外の水道やジョウロの中の水は水温がすごく下がっているので、そのままやるのは避けましょう。

北風から守ってあげよう

寒さに強い花たちでも、風や霜に当たると花や葉が傷んでしまいます。北風の吹いてくる方向の手スリに、トレリスやホームセンターで売っている防寒用の布などを固定しておくとよいでしょう。

北西のほうを囲い、南側を開けるといいよ。

夏と反対だよ!!
ヒャー冷た!
ホースの水も冷えてるよ!
少しお湯を混ぜておいたからネ ヨロシク

手づくり帽子で防寒対策

強い寒波や雪などの予報が出たときは、暖房のない室内に一時避難させるのがいちばんですが、室内に場所がないときや、パンジーなど寒さに強い花の場合は、梱包用のプチプチシートで袋をつくって夜間にかぶせるだけでもある程度保温できます。ただし、日中はムレを防ぐために忘れずに外してください。

冷たい風を避けるために、新聞紙や防寒用の布（寒冷紗や不織布）で覆うだけでも効果があります。しっかり重しをして留めてくださいね。

ガムテープやホチキスでカンタンに帽子がつくれたわ!!
プチプチって役に立つね!

ボクも散歩がさむい～!!

きんや先生のおもしろコラム③ 続・同姓同名さん、あんたは誰？

モクセイ科
常緑の低木、葉のトゲはいたい。黒紫の実は春にみのる。

14cmくらい食用になる
口が伸びる

イワシの頭を刺しておまじないにする**ヒイラギ**と同じ名前の魚がいます。どうせだったら**ヒイラギ**の枝に**ヒイラギ**の頭を刺せばもっと効果が出るんじゃないかなぁ？まぁイワシほどポピュラーじゃないからね。

こちらは**コムラサキ**、店で売られている**ムラサキシキブ**はこの花であることが多い。蝶の**コムラサキ**は大きさが6～7cm、国蝶である**オオムラサキ**よりは、やはり大きさや美しさもやや劣る。木の方は、山にはえる**ムラサキシキブ**より**コムラサキ**の方が実も多く付き美しいのである。

クマツヅラ科
落葉低木、花はうす桃
紫色の実がキレイ

北海道から九州まで見られる
発生は5～10月ころ

カマツカという雑木林にはえる落葉の低木は別名**ウシコロシ**だから恐ろしい。魚の**カマツカ**はコイの仲間で川や湖に住む、こちらはウシなど殺せそうにもない。**ゴンズイ**という美しいなまずのような、どじょうのような魚は棘のある鰭《ヒレ》をすり合わせて音を出すのでギギとかグゲとも呼ばれる。関東より西に分布する落葉低木の方の**ゴンズイ**は材質がもろくて役に立たないから、同じく役に立たない魚の**ゴンズイ**の名をつけられたという……。

バラ科
春に咲く白い花は大きさ1cmくらい
赤い実は秋

全長は25cm
コイ科
カマツカ

ゴンズイ科のゴンズイ
全長は30cmになる
2本の黄色の線が美しい

ミツバウツギ科 高さは6m位になる
肉厚で赤い果実は熟して開く
黒いタネ

（どうせ同じ名前をもらえるなら、短所よりは長所でつけていただきたいものです。）

カラーリーフプランツを挿し芽で増やそう

たいていのカラーリーフプランツは丈夫で、切り戻しした枝を使って挿し芽をすることができます。今回は、アイビーの茎で挿し芽をしてみましょう。

①枝を切り取る
手でちぎれるような柔らかい先端部は使わないので切り取り、固い茎だけを使います。葉を4枚ほどつけて切りましょう。

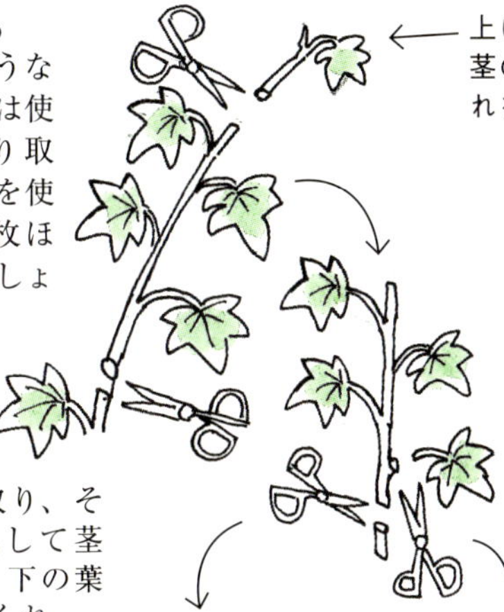

上に伸びてても下に垂れてても、茎の先が上、株元のほうが下、これを間違えないようにしましょう

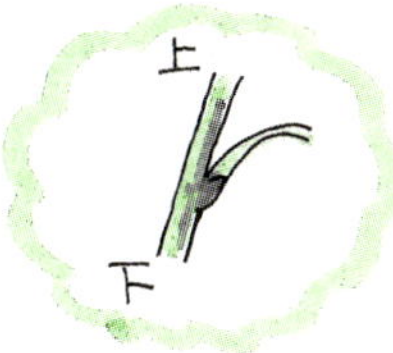

葉のつけ根をよく見よう

②土に挿す
30分ほど水を吸わせてから一番下の葉を取り、その下1cmほど残して茎を切ってから、下の葉のつけ根がかくれるくらいの深さに、土に挿しましょう。

○水栽培で根を出す
水につけておくだけでも根が出ます。水の腐りにくい黒のガラスビンなどを利用します。4～5日に1回は水を替えましょう。

土は挿し木用の土か赤玉土の小粒でもよい。容器はペットボトルの底に穴をあけたもので大丈夫

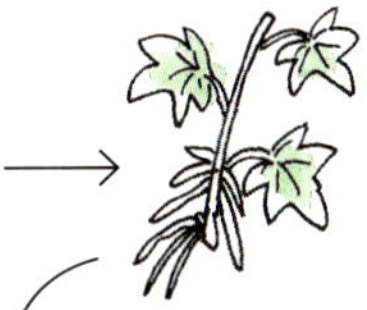

③ポットに移植
乾燥しないように管理します。3～6週間くらいで1cmくらい根が出たら、培養土を入れたポットに移植します。

3～6
週間で
根が出ます

水で育った根と土で育った根は性質が違うので、長く根が伸びてしまったら、根を半分ほどに短く切ってから植えましょう

9cmポットに
4～5本が目安

9cmポット
に植え替え
ます

水の中で根が長く伸びすぎてしまったときは、そのまま水栽培をします

5. 暖かくなったら化粧直ししましょう

冬はね、生長もゆっくりだから、ひとつひとつの花が長持ちするんだ。花がら摘みもラクにできるね
そうなんだっ？
パンジーやビオラはすぐタネになるから花がら摘みは忘れないでね。暖かくなるとモリモリ伸びて形が乱れ、中がムレてくるので、一度3分の1くらいに切り戻してあげると株も長持ちするよ。
花がら摘み
種
切り戻し
花がら摘み
花がら摘み
種
春になって花のなくなったシクラメンは掘りだして、素焼き鉢に移植する。あいたところには4月に入ると店に並ぶペチュニアなどを植えるとよいでしょう。
シクラメン
ペチュニア
ピンクの寄せ植えだから、ピンクのペチュニアを植えると、同じイメージで続けられるよ
店に行ってピンクの花がなかったらどうするの？
ピンクがないことはめったにないけど、必要な色の花がなかったら、白い花を植えるんだ。どんな色にも合うし、周りの花を引き立ててくれますよ
白だけの寄せ植えもステキヨ!!
寒さに強い一年草は、暑さに弱くて夏前に枯死することが多い。ダメになってしまう少し前に交換しようね！かわいそうだけど、花だって疲れた姿は見られたくないんじゃないかな。勇気を出して！思い切って！
ゴールデンウィークは主役交代の時！

ちょっとくわしいデザインの話②―色の種類

◎同系色と反対色でおしゃれに決める

やみくもに色の数を増やすとうるさくなります。好きな色を生かすには、相性のいい色だけを組み合わせます。

相性のいい色には、まずその色の濃淡、明暗のグラデーションがあります。ほかにも隣り合った同系色の2～3色も相性がいいです（12ページのカラーチャートを参照）。少し慣れてきたら、反対色（カラーチャートで反対側にある色）を混ぜてみることにもチャレンジしてみましょう。コツは、ある色とその反対色を同じ割合にせず、8対2くらいにすることです。同じ割合だと、ケンカになりきれいに見えません。

◎パステルとビビッド

色にはいくつかの種類があります。有名なものが、ビビッド（原色）、パステル、シックです。

ビビッドはヒマワリや赤いバラなど、はっきりとあざやかな色合い。ビビッド色に白を加えて淡いやさしい色合いにしたのが「パステル」カラー。ロマンチックな雰囲気で女性向きですね。パステル系の色で花をそろえると、違う色がいくつか混じっても違和感なくなじみます。

女はやっぱりね?!

パステル系の寄せ植えにビビッドの花を少し加えるとよいアクセントになります。パステルをかきけさないようビビッドは後方に植えます。

◎大人なシックもステキ

よその家にちょっと差をつけたいときは、原色を少し暗めにした「シック」な落ち着いた花色でコーディネートすると大人の雰囲気を出すことができます。茶色のチョコレートコスモス、黒いビオラ、ダイアンサス、シックな色のカラーリーフプランツなどがあります。

ボクって大人?だね!

ところで、どの色合いにも白い花は合います。上手に取り入れると上品さ、さわやかさを演出してくれます。

寄せ植えは絵をかくこと

小さな花の庭である寄せ植えは、絵を描くように花を植えてみましょう。愛らしく美しい花のひとつひとつは絵の具、テラコッタやウッドのコンテナはさしずめ額縁のようなものですね。どんな花も美しく、優劣はありません。テーマによって主役になったり脇役になったりします。それは自分の描き方しだい。デザインは自由に楽しんで！

花の種類より色だね!

エピローグ　枯らすことも勉強だ！

どうかな？はじめてガーデニングをやってみて。これからも続けていけそうかな？
思ってたよりもかんたんにできるからびっくりしたわ！
それぞれの季節ごとにコンテナも花も増えてきて、なんとなく寂しげだった玄関やベランダも、みちがえるようにきれいになったわ！うれしい
よかった！生き物だから、これから枯れていく花もあるかもしれない。育てきれない花や、環境に合わない花も出てくるから、早く自分の家にあった花を見つけていくことだね。枯らしながらの勉強だよ
ウチの奥さんがこんなに花が好きだったとは思わなかったな。でもやっぱり生きてる花が増えたことで、お世話する仕事も増えたね。仕方ないけど、それだけ花に魅力があるってことかな
長続きしてもらわなくちゃ困るからね！あまり無理しちゃだめだよ。ガーデニングをストレスにしないでね。楽しくやろう！少しずつ、少しずつね
じゃ、また何かお役に立てそうなときは呼んでね～！バイバ～イ
センセイ、さようなら。元気でね！
消えるときもそこからかよ！ま、いいか。バイバイ!

あとがき

光や温度など、花をとりまく環境もさまざまですが、皆さんがどれだけ世話する時間をつくれるのか、技術も予算も、花にとっては重要な環境です。はじめはきれいだった花鉢や花壇も庭も、なにもしなければとんでもないことになります。でも、やらなくちゃ、とわかっていてもなかなかできないのが現実。世話もできないのに鉢数だけどんどん増やして、結局ストレスや夫婦喧嘩の原因にさえなってしまう…慣れないうちは、こんなことがよくあるものです。

花は枯れます。でも落ち込まなくても大丈夫。なぜだろう？と、枯らしながら勉強しましょう。頑張らなくては枯れてしまうときは、何かが合わないのです。いろいろと試しているうちに、自分の家に合った花がかならず見つかります。見つけたら、その花を増やしてみましょう。すると管理も楽になってくるし、そのうちに別な花も育ててみたくなってきて、どんどん楽しくなってきますよ。

まずはひとつの寄せ植えから…ね！

多田 きんや

●参考資料

『自然と科学技術シリーズ　植物の生長と環境』（高倉直著、農文協）
『用土と肥料の選び方・使い方』（加藤哲郎著、農文協）
『農学基礎セミナー　作物の生育と環境』（西尾道徳著、農文協）
『ガーデニング基本大百科』（集英社）
『ガーデニングコツのコツ』（小学館）
『12か月楽しむ花づくり』（平田幸彦著、日本文芸社）
『きれいに咲かせたいはじめての花づくり』（白瀧嘉子監修、池田書店）
『スミス＆ホーケン　アウトドア・ガーデニングの本』（藤門弘監修、フェシリモ出版）

●編集協力

㈱フラワータスクフォース
㈱花の企画社
㈱稲留園
創和リサイクル㈱

●写真協力

南

【著者紹介】

多田 欣也（ただ きんや）

1955年岩手県遠野市生まれ。アースワークス代表。ガーデンデザイナー、グリーンコディネーター、前デジタルアーツ東京講師、（財）花と緑の農芸財団農芸塾講師。テレビ出演も多数。
現在（株）花の企画社グループとして、個人邸のガーデンデザインから施工、イベント装飾などを行ないながら、全国のホームセンターを中心にガーデニングの楽しさを広めるための講習会を開いている。（株）フラワータスクフォースのホームページ“エフガーデン”の編集にかかわり、花図鑑等を担当、ガーデニングマンガ、絵本等も発表している。
監修した書籍に『コンテナで楽しむ室内のガーデニング』『寄せ植えの鉢花』『寄せ植えと寄せ鉢でミニ・ガーデニング』『すてきな球根の花』（いずれもパッチワーク通信社）がある。

きんや先生の園芸教室

はじめての寄せ植え

2008年3月25日　第1刷発行

著者　多田　欣也

発行所　社団法人　農山漁村文化協会
郵便番号　107-8668　東京都港区赤坂7丁目6-1
電話　03(3585)1141(営業)　03(3585)1147(編集)
FAX　03(3589)1387　振替　00120-3-144478
URL　http://www.ruralnet.or.jp/

ISBN978-4-540-07295-6　DTP／ニシ工芸㈱
〈検印廃止〉　印刷・製本／凸版印刷㈱